アンガーマネジメントを始めよう

安藤俊介

大和書房

まえがき

いったん身についてしまえば楽なのですが、そこに至るまでは難しいとされているのが習慣です。ましてや、イライラしないための習慣なんて、本当に身につくのかと思っている人も多いかもしれません。

誰だって、イライラしたくてイライラしているわけではないでしょう。私がここに書くまでもなく、イライラしていれば物事はスムーズに運ばないし、疲れるし、イヤになるし、よいことなんて何もありません。

経済評論家の勝間和代（かつまかずよ）さんは、感情のメカニズムについて、象使いと象を使って例え話をされています。

私たちの中には、象使い（理性）と象（感情）がいて、象使いは象が暴走しないように、上手にコントロールしようとしています。ただ、象は身体がとても大きいので、一度でも暴走してしまうと、象使いもなかなかコントロールするのが難しくなってしまいます。とても上手な例え話だと思います。

もし、象が、いつも象使いよりも優位に立っているようであれば、私たちは感情の奴隷(どれい)になっているということになります。感情に翻弄(ほんろう)され、いくら理性でコントロールしようとしても、気持ちばかりが先に立ち、冷静に考えることができない状態です。

そんな状態であれば、イライラしたくない、怒りたくないと頭ではわかっていたとしても、自分以外の他人や理不尽な出来事などに振り回され、毎日イライラの連続になってしまうでしょう。

たまには象に負けることはあっても、基本的には象使いのほうが優位であるのが、私たちの本来の姿です。あなたの主人は、あなた自身であり、感情ではありません。

イライラしない習慣を身につけるということは、象使いが象よりも優位である時間を長くしたり、象をおさえる場面を多くしたりするということです。

つねに象使いを優位にするためには、長く、つらいトレーニングが必要と思われるかもしれませんが、そんなことはありません。誰でも、ちょっとした工夫や仕組みを知ることで簡単に、いつでも象使いを優位にすることができます。

世の中には、知っておくと便利なさまざまなライフハック（生産性を上げるための工夫）がありますが、イライラ、怒りの感情のマネジメントについても、知っておくだけでとても便利なものがたくさんあります。**その一つが、イライラしてしまう悪い習慣を知り、それをやめて、よい習慣を持つことなのです。**

よい習慣を身につける簡単なコツ

習慣化することについて、冒頭で「いったん身についてしまえば楽なのですが、そこに至るまでは難しい」と書きましたが、じつは簡単に習慣化できるコツがあります。

それは、小さいことでも何でも構わないので、毎日やり続けることです。毎日やり続けることで、それが癖になり、逆にやらないと気持ちが悪くなります。

たとえば、歯磨きはどうでしょうか。多くの人は1日に2～3回は歯磨きをしていると思います。それが習慣となっているから、毎日苦もなくできるのです。むしろ、歯磨きをしないと気持ちが悪いという人のほうが多いのではないでしょうか。

これを、仮に「歯磨きは週に2回」と決めたとしましょう。すると、途端に歯磨きがとてもハードルの高いものになってしまいます。**なぜかと言えば、一度やめてしまうと、人はそれを復活させるのに、多大なエネルギーを必要とするからです。**

そのいい例がトレーニングジムです。ジムに行って身体を鍛えている人は結構いると思いますが、なかなか長続きしません。私もジムが大好きで通っていますが、そんな私でも、体調が悪くて1週間くらい空いてしまうと、途端にジムに行くのが面倒になります。心の中では「行きたい」と思っても、なんとなく気が重くなるのです。

実際、行けば楽しいのですが、第一歩を踏み出すということが、心理的に本当に難しくなることを痛感しています。

ジムに毎日通っている人は、それほどいないと思います。せいぜい、週に2〜3回くらいでしょう。これが、毎日やっている歯磨きとの違いです。

習慣化したいことというのは、たいていの場合、やりたいとは思っている、あるいは必要とは思っているけれど、面倒くさい、気乗りしない、なんとなく後回しにしたいことが多いでしょう。つまり、頭ではわかってはいるけれど、実際にはできないということなのです。

だから、つい数日に1回とか、週に2〜3回とかいう目標を立てがちです。でも、そうした頻度での目標設定は、かえって習慣化のハードルを高くしてしまっています。人は、たまにしかやらないことのほうが、じつは難しいのです。

「小さなことからコツコツと」とは、西川きよしさんのお馴染み(なじ)のセリフとして有名ですが、習慣化のコツとして、このことに勝るものはないと思っています。いきなり「明日から習慣化しよう！」ではなく、できる範囲で小さなことをコツコツと、毎日ちょっとずつやっていた結果、いつの間にかやらないと気持ちが悪い状態になっているというのが、習慣化の一番の近道なのです。

アンガーマネジメントとは何か？

本書で紹介しているイライラしない習慣術のベースにあるのは、1970年代にアメリカで生まれたアンガーマネジメントという心理トレーニングです。

アンガーマネジメントの目的は、怒らなくなることや、イライラしなくなることではありません。怒る必要のあることに対しては上手に怒れて、怒る必要のないことに対しては

怒らなくて済むようになることです。

そもそもアンガーマネジメントは、犯罪者に対する矯正教育の側面が強いものでした。それが、時代の変遷とともにより一般化されていき、今ではエグゼクティブのためのトレーニング、子どもたちの情操教育、カップルセラピー、ペアレンティング（親として受ける講習）、アスリートのメンタルトレーニングなど、幅広く応用されるようになっています。

私が代表理事を務める一般社団法人日本アンガーマネジメント協会では、設立の翌年の2012年より、アンガーマネジメント関連講座の年間受講者数の統計を取っています。それによると、2020年の年間受講者数は25万人を超えました。累計では約100万人の人が、怒りの感情と上手につき合えるようになるトレーニングである、アンガーマネジメントの講座を受講しているのです。

イライラしなくなる82の習慣

本書では、アンガーマネジメントの理論や技術を紹介しつつ、日常の中で取り組めるものを続けることで、感情の奴隷にならない、ムダにイライラしなくなる方法を紹介しています。

たとえば「信号で走らない」「毎朝同じ電車に乗らない」「セールでモノを買わない」「ワイドショーを見ない」など、誰もが普段の生活の中で何気なくやっていることをちょっとやめてみるだけで、あっという間にイライラしない習慣が身につきます。

なぜなら、私たちが普段、とくに気にせずやっていることの多くは、じつはわざわざ自分をイライラさせることだからです。自ら率先して悪い習慣を続けているようなものなので、まずはそれをやめるだけでいいのです。

何か新しいことに挑戦するのは、とてもハードルが高く、腰も重くなると思います。しかし本書では、新しい何かに挑戦するのは後回し。まずは普段とくに意識することもなくやっていること、なんとなく惰性(だせい)でやっていることをやめるだけで、ムダにイライラしなくなる習慣が手に入るように、その方法と技術を紹介しています。

ですから、やめると言っても、大好きなスイーツをやめるとか、禁酒・禁煙をするとか、日々ストイックに暮らすとかいうことではありません。

やめるものは、今、大して意味もなく惰性でやり続けていることですから、気合いを入れて「よしっ、やめるぞ！」というようなものではありません。多くの方が「あ、そっか。ちょっとやめてみようかな」と、肩の力を抜いてできることばかりを集めました。

また、本書で紹介している82の方法を、すべて試す必要はありません。自分が気軽にできそうなものだけをピックアップしてみてください。

悪い習慣を断ち切れたら、次はよい習慣を始めたいところです。本書で紹介するよい習慣は「先送りは2分で済ませる」「ＳＮＳから離れる」「持ち物を少なくしていく」「毎朝見るテレビ番組を変える」など、どれも簡単にできるものばかりです。

しかし、先にも書きましたが、習慣化のコツは、毎日やり続けることです。ですから「えいっ」と、心の中で声を掛けなければできないようなものは、やらなくても大丈夫です。

そして、それをやり続けることで、いつの間にか気づいたら、イライラしない習慣が身につき、ムダにイライラしない人になっていたというのが望ましい状態です。

自分がイライラすれば、周りの人もイライラします。周りの人がイライラすれば、自分もイライラします。怒りの感情は、とても強い感情なので伝染しやすいのです。

家庭で自分がイライラすれば、大切な家族をイライラさせることになります。自分がイライラすると、自分だけでなく、周りの大切な人たちにも悪影響を与えてしまうのです。自分のためにも、自分の大切な人たちのためにも、イライラしない習慣を身につけていきましょう。

本書が、イライラしない習慣を身につけ、自分だけでなく、周りの人とも健（すこ）やかに平和にストレスなく生活、仕事ができるようになるヒントとなれば幸いです。

一般社団法人日本アンガーマネジメント協会代表理事

安藤俊介

目次

アンガーマネジメントを始めよう

まえがき……003

Chapter 1

人間関係でイライラしないアンガーマネジメント

1 「なんとなく」のつき合いをやめる……22
2 自分の時間は好きな人のためだけに使う……24
3 期待されても必要以上にがんばらない……26
4 相手が自分の期待に応えなくても気にしない……28
5 わざわざ人と違うところを探さない……30
6 相手との共通項をすぐに見つけられる……32
7 SNSから離れたほうが快適……34
8 人の幸せ話や成功体験をよく聞く……37
9 だからと言ってやたらポジティブに考えない……40
10 ノイジーマイノリティの意見を聞かない……43

11 友だちを選ぶ……46
12 親であろうと他人の価値観につき合わない……48

Chapter 2

仕事でイライラしないアンガーマネジメント

1 月曜日が憂鬱にならないための瞑想……52
2 ONとOFFの切り替えをしない……54
3 先送りしない「2分ルール」を徹底する……56
4 やりたくないことは「10分ルール」で片づける……58
5 無理に本を読まない……60
6 勉強していなくても罪悪感を持たない……62
7 休みたくなったら休む……64
8 「二日酔い」で有休を取る……66
9 つらい現状を選ばない……68

10 LINEで遅刻の報告をされても平気と思う …… 70
11 余計にイライラするから愚痴は言わない …… 73
12 「どうしたらできるのか」だけを考える …… 76

Chapter 3 自分にイライラしないアンガーマネジメント

1 「いい人」はやめる …… 80
2 自己開示を積極的におこなう …… 82
3 「ぼっちご飯」を楽しむ …… 84
4 「やらないことリスト」を作っておく …… 86
5 普段から持ち物を少なくする …… 89
6 今ここにいることをいつも意識する …… 92
7 五感が機能しているかチェックしてみる …… 94
8 「調子がいいときの自分」を再現できる …… 96

9 居心地のよさを手放す …… 98
10 一人の時間を好きなように過ごす …… 100
11 バイキングで「食べない」という選択をする …… 102

Chapter 4 プライベートでイライラしないアンガーマネジメント

1 毎朝のテレビ番組を変える …… 106
2 生活パターンを自ら壊してみる …… 108
3 使い慣れたものより新しいものを選ぶ …… 110
4 食事へのこだわりが幸せを奪う …… 112
5 出されたものは何でも美味しく食べる …… 114
6 価値観を合わせるよりも、違いを受け入れる …… 116
7 感情を言葉にして伝えている …… 118
8 「怒りの言葉」の強度や意味を確認し合う …… 121

9 自分の「機嫌の鏡」を持っておく……124
10 質のよい睡眠を取るための努力をする……127
11 「記録→実験→改善」で快眠度を高める……129
12 あおり運転をしない……131

Chapter 5 お金でイライラしないアンガーマネジメント

1 コンビニに行かない……136
2 「何にお金を使うのか」優先順位をつける……138
3 節約し過ぎない……140
4 消費と投資とを分けて考える……142
5 映画がつまらなかったら映画館を出る……145
6 コスパを考えない……147
7 セールでモノを買わない……149

8 本当に欲しいモノは定価で買う……151
9 最高の復讐と思って、健やかに生きる……153
10 お金の苦労を突き動かすエネルギーに変換する……156
11 ジムではパーソナルトレーナーをつける……158
12 プロにお金を払うことを意識する……160

Chapter 6 人生でイライラしないアンガーマネジメント

1 自分の人生は自分で決める……164
2 「逃げるが勝ち」と心得る……166
3 ストイックを目指さない……168
4 中庸（ちゅうよう）の生き方を気長に目指す……170
5 自分の小さな成功を認めている……172

6 一発逆転よりもマージナル・ゲインを選ぶ……174
7 いきなり大きな目標を目指さない……176
8 5年後の努力を信じる……178
9 オンリーワンにならなくてもいい……181
10 きちんと自分の努力を評価する……183
11 環境の変化に逆らわない……185
12 信号で走らない、駆け込み乗車をしない……187

Chapter 7
社会にイライラしないアンガーマネジメント

1 事実と思い込みを切り離す……192
2 八つ当たりでヒマをつぶさない……195
3 わざわざ怒りの対象を探さない……197

4 他人の意見に振り回されない手段を持つ……199
5 ネットの口コミは一切見ない……201
6 情報を取捨選択している……203
7 多様なスタンスを受け入れられる……206
8 ワイドショーを見ない……208
9 スマホを1時間触らない……210
10 他人に依存しない、自分もされない……212
11 自ら怒りの種を蒔かない……214
あとがき……218

Chapter 1

人間関係で イライラしない アンガーマネジメント

Relationships

1 「なんとなく」のつき合いをやめる

「近所づき合い」「職場づき合い」「友だちづき合い」「クラスメイトとのつき合い」など、社会人であっても、学生であっても、子どもであっても、それぞれコミュニティを持っていて、さまざまな「つき合い」があります。

私たちは、その各コミュニティの中で生きていて、好き嫌いでつき合う人を決めるわけにはいかないものです。実際に、「たまたまお互い身近にいて、なんとなく惰性でつき合っているだけ」とか、「積極的に関係を終わらせる理由もないから」なんていうケースが多いのではないでしょうか。

なんとなく人づき合いしていくことは、たしかに悪いことではありません。しかし、なんとなくつき合っているだけの人のために、「やりたいことを躊躇(ちゅうちょ)している、あるいはできなくなっている」とか、「時間やお金の浪費が習慣になっている」などということがあるとすれば、やはり考え方を変えたほうがよいでしょう。

たとえ気の合うもの同士でも、人間関係を続けるということは、何らかのストレスを感じるものでしょう。それが、好きではない人との関係を続けていくのですから、相当疲れるはずです。

それでも、好きではない人とつき合いを続けていくという選択肢を選ぶ場合、それは多くが「嫌われたくない」という恐れや、事なかれ主義から来ています。

無意識に「誰からも好かれるような人物になろう」としていませんか？

しかし、「誰からも好かれる」「誰からも嫌われない」ことは、現実にはありえません。

だとしたら、自分の好きな人とだけつき合っていく選択もあります。

人間関係を、他人からどう見られているかで考えるのではなく、単純に「人としてつき合いたいか、つき合いたくないか」だけで考えればいいのではないでしょうか。

「つき合いたくない人とはつき合わない」という判断をしても、人生が大きく崩れることはありません。

2

自分の時間は好きな人のためだけに使う

積極的につき合いたい人とだけつき合う。このメリットは、何より時間の節約です。人の時間には限りがあります。積極的につき合ってはいないけど、なんとなくつき合っている人ほど、自分の時間を割かれてしまっていることがよくあります。

「仮になんとなくでも、つき合いなんだからしょうがない」と思うか、「やはり時間のムダだ」と思うかは人それぞれです。しかし、私の場合は「そんな時間があるなら、なんとなくつき合っている人ではなく、好きな人との関わりのために使う」と選択することで、自分自身の満足度が上がりました。

以前は「あいつは何であんなことをするのか？」「なんて気に入らない奴なんだ！」と、つき合いたくない人のことを割と考えていました。その時間は本当にムダでした。

つき合いたくない人のことを考えることは、その人のために自分の時間を使うことです。

つまり「あの人にこんなことを言われた」「あの人とあんなことがあった」などと考えているあいだ中、その人のために自分の貴重な人生の時間を使っているのです。

それは本当に不毛な時間であり、あとで振り返ったときにイライラするだけです。私は、そんなことのために、自分の人生の時間を1秒も使いたいとは思いません。

私はときどきスマートフォンを眺めて、何年も音信不通になっている人の連絡先を消すことがあります。

「なぜ自分は、この人とつき合っているのか？」ということを確認して、人間関係の新陳(しんちん)代謝(たいしゃ)をはかるのです。相手に失礼ではないかと思うかもしれませんが、結果的にそのほうが相手にとってもよいことだと信じています。

人生は人気投票ではありません。つき合いたくない人とは、つき合わなくていいのです。

「相手から嫌われる」という恐怖感を捨てて、自分はなぜその人とつき合うのか、自分の気持ちを問う時間を持つことが、自分の人生の質を上げるのにとても大切だと思います。

3 期待されても必要以上にがんばらない

自分が期待されていると思うと、それに応えないと悪い気がして、必要以上に「がんばろう！」という人がいます。

誰かの期待に応えようとがんばることは、別に悪いことでありません。ただ、期待に応えられなかったときに罪悪感を覚えたり、自分の無力さを責めたりするようなことがあるなら問題です。

人の期待に応えられなかったときに罪悪感を覚える人は、無意識のうちに人間関係を等価交換と考えているのではないでしょうか。

経済活動は、基本的には等価交換です。１００円支払えば、１００円相当の価値を得られます。

ただのジュースが1本500円だとしたら買う人はいません。そこで値段が下がっていき、消費者が「この価格であれば妥当」という値段に落ち着くのです。

なので、経済活動では、支払う側と提供する側がお互いに、これくらいの価値であればこれくらいだよねという、なんとなくの基準があります。だから大体の場合、等価交換になるのです。

ところが、人間関係はそうなりません。誰かに100円支払うとして、誰かが100円の価値を返してくれるもの、とはならないのです。

もし友情や愛情という名前の下に、そのような計算が隠れているのであれば、あなたが自分を責める必要はありません。仮に責めるとしても、それは値段ほどの対価を返せなかったということだけであって、あなた自身を否定する必要はないのだということを認識しておきましょう。

4 相手が自分の期待に応えなくても気にしない

逆に、あなたが誰かに何かを期待するとして、そこに何らかの価値を求めるのであれば、それはやはり純粋な期待ではありません。これもまた、経済活動としての期待になってしまっています。

もちろん、誰かの期待に応えるために努力することは、私たち自身を成長させることですし、人生で積極的に取り組んだほうがいいことの一つでしょう。

しかし、あなたが誰かに期待していたとして、その期待に対して「相手はこれくらいの価値を返さなければいけない」などと考えた時点で、あなたは人間関係を経済活動に置き換えてしまっています。

仮にあなたが期待した人が、あなたの望むようなレベルに応えられなかったとしましょう。もし、そこであなたががっかりするとすれば、相手に純粋な人間関係を求めていたわけではないということです。レストランに行って、値段ほどの価値を感じなかったと思っているのと同じことです。

友だちに100円を支払ったら、友だちが100円分の友情を返してくれることはありません。仮にそうだとしたら、それは友情ではなく、金銭を見返りにした人間関係を装ったサービスです。

支払うものがお金や時間であれば、数字上の対価として、どういうものが適正なのか計算しやすいかもしれませんが、人に対する期待は、そういった計算のできるものではありません。何をどう返せば適切な対価になるのか、計算しようがないのです。

今あなたが向き合っている期待は、純粋な人間関係によるものなのか、あるいは経済活動なのか。ムダにイライラしない人は、その見極めができる人です。

5 わざわざ人と違うところを探さない

人を好きになる方法と嫌いになる方法、そのどちらもとても簡単です。そして、どちらの方法も、少し気をつけるだけでできてしまいます。

ただし私たちは、どちらかというと人を嫌いになる方法を無意識のうちに選んでしまっているのです。

次の二つのうち、どちらのほうが簡単だと思うでしょうか？

- 人と自分の違うところを探す
- 人と自分の共通項を探す

人と違うところを探すのは「意見が違う」「育った環境が違う」「学歴が違う」「価値観

が違う」などといったことです。

一方、人との共通項を探すというのは、たとえば「年齢が同じ」「出身地が同じ」「好きな食べ物が同じ」「趣味が同じ」といったことでしょう。

ここで、考えてみてください。人はどちらのほうが簡単にできるでしょうか？

おそらく、人と違うところをあげるほうが、共通項をあげるよりも簡単にできたのではないでしょうか。

じつは自分と違うところを探すことは、人を嫌いになるとても簡単な方法なのです。

あなたのそばにいる苦手な人、嫌いな人を思い浮かべてみてください。あなたは普段、その人に対して何を思っていますか？

「考え方が違う」「仕事のやり方が違う」「生き方が違う」「意見が違う」「見ている方向が違う」など、自分と違うところは何かについて、積極的に意識を向けているのではないでしょうか。

自分と違うところを見つければ見つけるほど、その人との距離感は遠くなり、そのたびにますますイライラする対象になるのです。

6 相手との共通項をすぐに見つけられる

人と自分との共通項を見つけることは、その人を好きになるととても簡単な方法と言えます。人と違うところを見つけるよりは難しいでしょうが、それにしたって首をひねって考えるほどのものでもありません。

たとえば、恋愛中のことを考えてみてください。自分の何が相手と同じで、どこが一緒なのかを考えると思います。

「好きな映画が同じ」「出身地が同じ」「笑うポイントが一緒」「考え方が一緒」など、些細なことでも次々と見つけていきませんか？

また、自分が見つけるだけではなく、相手がいかに自分と同じか、一緒か、似ているかをアピールするのではないでしょうか。そうすることで、相手からも好きになってもらえます。

恋愛において、自分が相手といかに違うかをアピールする人がいたら、それは恋愛下手な人です。

人は自分と似た人に親近感を持ち、そして親近感を持つことは、その人に好意を抱くということです。

自分の周りにいる人がみんな好きな人であれば、いちいちイライラしません。**人と自分の共通点をすぐに何個も見つけられる人は、イライラしない最強の習慣を持っています。**

逆に、自分の周りにいる人が嫌いな人ばかりであれば、イライラすることだらけになります。

イライラしない人は、人と違うところを探すのではなく共通項を探すことでムダにイライラしなくて済むことを知っているのです。

7 SNSから離れたほうが快適

一昔前に比べて、最近はイライラしている人が、社会の中で増えているのではないかという実感はありませんか？

ここ数年で大きく変わったのは、社会に流通する情報の量です。とくにSNSやメッセージアプリの発達により、個人間に流通する情報が膨大になりました。

そのおかげで便利にもなりましたが、**知人の言動や近況が見えてしまうがために、どうしても他人の動向が気になったり、あるいは自分がどう思われているのか不安になったりしがちです。**

知人の優雅な暮らしぶり、いわゆる「リア充」な写真や、仕事で成功した話を見聞きして、嫉妬したり自分と比べて焦りや怒りを感じ、イラッとしたりすることもあります。

しかし、自分の人生を歩み、自分自身を強く持っている人は、いちいち他人の言動など気にせず、軽く受け流すことができます。私は自分の人生に集中するためには、以下の三つの条件を満たしている必要があると考えています。

- 自分が何をしたいか理解している（WANT）
- 自分が何をしなければいけないか理解している（MUST）
- 自分が何をできるかを理解している（CAN）

この三つを理解していないと、自分の人生を他人に振り回されることになります。

人生の核となるべきものを、自分自身で認識することが第一歩です。そのために他人の目を気にしないように心がけてみてください。

どうしても気にしないでいることが難しい場合は、一定期間SNSをシャットアウトしてみるのもよいでしょう。最初は不安になるかもしれませんが、ストレスから解放され、目の前の仕事や勉強に対する集中力アップも期待できます。

私も少し前から意図して「SNS離れ」をしているのですが、なければないでまったく平気ですし、むしろ快適になったと感じています。

8 人の幸せ話や成功体験をよく聞く

いきなりですが質問です。

人間は「快楽を追求する」と「苦痛から逃れる」のうち、どちらが得意だと思いますか？

あなたの体験から振り返っても、興味深い質問かもしれません。

たとえば学生時代、テストでいい点数を取ることを目標にがんばるほうが得意でしたか？

それとも、勉強をサボるために、あれこれ策を練るほうが得意でしたか？

じつは、答えは決まっています。これは「苦痛から逃れる」です。人は快楽を追求するよりも、苦痛から逃れるほうが得意なようにできています。

人に限らず動物はそうなっています。動物にとって生存率を高めるために必要なのは、食料を確保して空腹を満たすことよりも、脅威である捕食動物から逃げることです。たとえば、目の前のりんごの採り方を学ぶことに時間はかけられても、ヘビから逃げることは一発勝負で覚えないと、たちまち食べられてしまいます。

そのため、人は苦痛から逃れる方法、ネガティブなことに関しては学習がしやすいという性質があり、これはネガティブ・バイアス（ネガティブ偏向）と呼ばれています。

しかし、この性質は生物としての生き残り戦略には好都合ですが、社会生活を送ったり、感情をコントロールしたりする場合には、不都合になることが多いのです。ネガティブなことばかり記憶に残っていたら、人間関係はうまくいかなくなったり、不安になったり、自分に自信が持てなくなったりと、健康的な生活ができなくなるからです。

ただ、脳は変化する性質も持ち合わせていて、これを神経可塑性（しんけいかそせい）と言います。最新の脳科学でわかってきたのは、脳は人の思考に合わせて変化していきます。

ネガティブに物事を考える傾向にある人の脳は、物事をよりネガティブに考えやすく変化していき、逆にポジティブに物事をとらえる人の脳は、物事をよりポジティブにとらえるように変化していきます。このことを知っておけば、ネガティブな人とはつき合わないと決めるだけで、ムダにイライラしなくなります。

イライラしない人は、積極的に誰かの幸せ話や成功体験を聞く習慣があります。無意識に聞いている人もいると思いますが、意識して習慣化しましょう。そうすることで、自分の脳がポジティブなものに変化するのです。

9 だからと言って やたらポジティブに考えない

あなたの周りに、やたらとポジティブな人はいないでしょうか。そういう人を見ていて、疲れたことがある方もいるでしょう。

ポジティブシンキングに対するよいイメージから、なんとなくそんな自分に嫌悪感を覚えたかもしれませんが、それはまったく問題ないし、間違ってもいません。アンガーマネジメントでは、「ポジティブシンキングは最高！」とは考えていないからです。

前項でも書きましたが、物事はネガティブにとらえるよりも、ポジティブにとらえたほうがいいことのほうが多いのは間違いありません。**ただ、何が何でもポジティブに考えればいいわけではなく、ポジティブさは現実に根ざしていることが必要です。**

たとえば、借金で首が回っていないのに、「きっと明日の朝になれば、借金が帳消しになるようなことがあるはずだから、今晩は手元にあるお金で飲んでしまっても問題ない！」という荒唐無稽（こうとうむけい）なポジティブシンキングではダメなのです。なぜダメかと言えば、現実離れしたポジティブさは本心では信じられないからです。いくら口にしたところで、当の本人さえ自分を疑っているでしょう。

現実に根ざしていないポジティブさは、認知の歪（ゆが）みと言えます。

認知が歪めば、現実を正しく見られません。

現実を正しく見られなければ、日々のさまざまな出来事に振り回されて、心が安定しません。とにかく物事をポジティブにとらえよう、考えようとする必要はありません。

そんな努力をするくらいなら、できる限り正確に、何が事実で、現実なのかを見極める練習をしたほうが得策です。練習といっても難しいものではありません。**物事には事実、主観、客観があります。自分の身に起きた一つひとつの出来事に対して、その都度、事実、**

主観、客観の三つの角度から見る癖をつけてみるのです。

ちなみに、ニュースに対して、事実、主観、客観の三つの角度から見るときは注意が必要です。ニュースにはもともと、制作サイドの主観が紛れ込んでいるので、練習する際に事実と主観を切り分ける場合は気を配りましょう。

逆に言えば、その二つを切り分けるよい練習になるとも言えますが。

10 ノイジーマイノリティの意見を聞かない

「少数意見を気にしない」なんて言うと、なんだかとても冷酷で、血も涙もないように思われるかもしれません。ですが現実として、世の中には気にしなくていい少数意見というのは存在します。

「ノイジーマイノリティ」という言葉があります。**ノイジーマイノリティとは、一般的には問題にならないことに対して、大きな声で文句を言ったり、クレームをつけたりして問題にする人たちのことで、「声高な少数派」と訳されます。**たとえば、近所に保育園ができることを騒音問題に結びつけるような人たちです。

こういうノイジーマイノリティの意見が、すべて間違っているとは思いません。ただ、聞く必要のない意見が圧倒的に多いとは思っています。

誰だって怒られるのはイヤです。

私もアンガーマネジメントを仕事にしていますが、そんな私でさえクレームを受けることにいい気持ちはしません。なので怒っている人の意見やクレームをすべて聞かなければいけないとは考えていません。自分が聞く必要がないと判断すれば、聞く耳を持たない選択をします。

ところが、怒っている人に関わりたくない、面倒くさいという事なかれ主義の人は、どうしてもこうしたノイジーマイノリティの意見を聞こうとしてしまいます。

理不尽だなと思いながら、イヤだなと思いながらも聞く。自分がイライラすることになるにもかかわらず、これ以上相手に騒がれたくないから聞く……。

結局、言ったもの勝ちを許す人は、自分というもの持たない人です。自分がないから、声の大きい人、強く言う人に譲ってしまう。それは、自分で考えることを放棄しているのと一緒です。

そんなことを続けていれば、自分の人生を生きることはできません。そうなっては、人に振り回される人生を送る羽目になり、自分で怒りの感情をコントロールすることができなくなるばかりか、人生そのものを誰かにコントロールされてしまいます。

ムダにイライラしない人は、相手の声が大きかろうが強かろうが、自分の考えをもとに、聞く必要がないと判断したら、毅然とした態度で聞かないのです。言ったもの勝ちを許さない人になれれば、ムダにイライラしなくなります。

11 友だちを選ぶ

アメリカの著名な起業家・講演家・作家のジム・ローン氏は「あなたはもっとも多くの時間をともに過ごしている5人の平均である」という言葉を残しました。

ロンドン・スクール・オブ・エコノミクスの行動科学教授であるポール・ドーラン氏は『幸せな選択、不幸な選択』（早川書房）の中で、幸せになりたかったら「幸せな人と友人になり、不幸な友人とは縁を切りなさい」と述べています。

私たちは、よくも悪くも同じレベルの人としか一緒にいられません。あまりにも自分と違う世界の人たちと一緒にいると、たしかに興味深くはあるかもしれませんが、なんとなく居心地の悪さを感じたりするものです。あなたにも経験がありませんか？

たとえば、私の人生においてこれまで社交界なんて縁のなかった世界です。そんな私がもし社交界のパーティにでも出席したら、最初はどんな人がいるのだろうかと興味津々でしょう。ですが結局は、おそらく誰とも喋れずに壁の花になってしまうと思います。

人は居心地の悪いところには、なかなかいられないものです。そして、人は自分と似た人に親近感を覚えるので、同じような人たちの集まりの中にいることを自然と選んでしまいます。

人脈作りに一生懸命な人がいますが、その人脈が自分のレベルと違い過ぎていたら、それは単に居心地の悪い場所を増やしているだけです。そんな人間関係は長く続かないでしょうし、そんなことをしている自分に対して、ますますイライラしてしまうかもしれません。

友だちの多さは価値にはなりません。どれだけ友だちが多くても、極端な話、その友だちの属性がみんな一緒であれば、あなたの世界は何も変わらないのです。

レベルの違い過ぎる人脈作りや、同じような属性の友だちをやたらに増やすのではなく、自分の世界を広げ、レベルを上げてくれる少人数の幸せな友人を増やしていきましょう。

12 親であろうと他人の価値観につき合わない

私たちの行動の基準は、それぞれが正しいと思う信念、価値観によって決まってきます。アンガーマネジメントの用語では、それを「コアビリーフ」と言います。「こうあるべきだ」など、心の中で「〜べき」と思っていることと言ってもいいでしょう。

そのコアビリーフは家庭の中において作られます。私たちは真っさらな状態から自分の価値観を作り上げていきますが、最も強い影響を受けるのが親なのです。

親は子どものためを想い、苦労から守るため「こうやったほうがいい」と示します。知らず知らずのうちに、自分の「べき」を植え込んでいるのです。**しかし、この親の「べき」がのちに子どもを苦しめてしまうことがよくあります。**

無意識のうちに、親から承継した価値観で苦しむ内容は人それぞれです。たとえば「結婚したら子どもを持つのが当たり前」という親や世間の価値観を刷り込まれた場合、子ども持たない選択、あるいは結婚しない選択に罪悪感を持ち続けることになったりします。

ほかにも「男は男らしく」「女は女らしく」というコアビリーフさえも、家庭の中で作られ、それによって苦しんでいる人はとても多くいます。

これが日本人なら、親の期待に応える「べき」という感覚を理解してくれる人も、少なからずいると思います。でも、外国の人たちは、そうした感覚を持ちません。

私自身、長いこと親の言う「あるべき様」に苦しみました。自分の人生なのに、自分で選んでいる気がしませんでした。外国人の友人たちは、一人の例外もなく、自分の人生は自分で決めるものだと言ったのです。子どもがいる親の立場である人にも「あなたの人生じゃないか」と言われました。

自分の人生を生きていない、そんな誰かの価値観の奴隷のような人生を生きたいと思う人はいないでしょう。親の価値観を言い訳にして従っていても、親はあなたの人生を保障できません。


あなたの人生は、あなたのものなのです。

Chapter 2

仕事で
イライラしない
アンガーマネジメント

Jobs

11 月曜日が憂鬱にならないための瞑想

イライラしない人は、公と私を無理に区切りません。

平日、休日にかかわらず、自分の思考、感情を区別なく自由に行き来させているのです。むしろ、無理に区切るのは逆効果です。なぜなら、仕事を切り離すことに意識を向けることは、すなわち仕事をすることに意識を向けてしまうという逆説が起こるからです。とくに「休日は休まなければならない」という意識、「きちんと公私を区切らなければならない」という気持ちが強い人は、この逆説が起こる可能性が非常に高いです。

公私の区別をつけられないことにストレスを感じてしまうのであれば、それはもう本末転倒としか言いようがありません。

そして、無理やり切り替えようとするから、仕事の始まりを過度に意識してしまい、月曜日が憂鬱(ゆううつ)になるのです。

私はこれは瞑想(めいそう)に対する誤解と少し似ていると思います。瞑想というと「無になること」「何も考えないこと」と思われる場合がありますが、この解釈は正確ではありません。**瞑想で目指しているのは無になることではなく、次々に浮かんでくる思いを受け流すことです。**浮かんでくるイメージに対して、あれこれ思いを巡らすのではなく、ただ見る、観察することなのです。

これは、平日と休日の過ごし方についても一緒です。

「休日は仕事のことは考えない」と、かたくなに区別するのではなく、たとえ休日中でも、頭に浮かんできた仕事のアイデアや心配事などは、そのまま受け流せばいいのです。

無理に打ち消そうとすれば、その行為がストレスになります。

2 ONとOFFの切り替えをしない

近年は「ワークライフバランス」が重視されるようになり、政府が目指す「働き方改革」では長時間労働を改めるために、ONとOFFを区切ろうという動きがあります。

これは、社会的には歓迎されるものでしょう。制度としてはとてもいいのですが、はたして人は、そう簡単にONとOFFの切り替えができるのだろうか、と疑問も残ります。

いくらONとOFFを区切ろうとしても、私たちの心と身体はもともと一つです。職場から物理的に離れたとしても、今はスマホもあればタブレットもある時代、やろうと思えばいつでもどこでも仕事はできます。

もちろん、なかには週末、会社を出た瞬間にすっかり仕事のことは忘れて、思いっきり気分転換し、リフレッシュができる人もいるでしょう。そういう人は、もちろんOFFを存分に楽しめばいいと思います。

一方で、休み中でも頭の中が仕事でいっぱいの人もいます。そういう人は自分のことを「ONとOFFの切り替えができないダメな人間だ」と焦りを感じたり、劣等感を覚えたりしてしまいがちです。

しかし、別にそれは不自然なことではありません。ONであろうとOFFであろうと、どちらも自分自身なのですから。

まず「ONとOFFを切り替える」という概念は忘れましょう。

そして「ONとOFFは同じ」と、受け入れてみてはどうでしょうか。

意識の切り替えを、無理におこなう必要はありません。

ONであろうと、OFFであろうと「いつもの自分」で過ごすことを受け入れられたら、余計なイライラは減るでしょう。

3 先送りしない「2分ルール」を徹底する

なんだかイライラしてしまうというとき、しなければいけないことを先送りにしていることが多いのではないでしょうか。いつか済ませなければならないけれど、腰を上げるまでにやたらと時間がかかってしまう、という経験は誰でもあると思います。

そうやって先送りする理由は、嫌いだったり、苦手だったり、面倒だったりして「考えたくない」「触りたくない」というネガティブな思いがあるからですよね。

ですが、物事を先送りすることは、考える助走期間を長く取ることです。結局、先送りすればするほど、それに関わらなければならない時間が延びてしまい、必然的に自分にとってつらく、苦手なことを長いあいだ考え続けます。

先送りすることによって罪悪感も生まれます。これが「なんだかイライラする」の大きな原因の一つです。

そんな先送りしたくなる気持ちに負けず、やらなければならないことをすぐやるために、私が習慣にしているのは「2分ルール」です。

これは生産性向上コンサルタントのデビッド・アレン氏が提唱する仕事術の一つで、2分で片づくものはその場でやってしまおうというシンプルなルールです。1分ではちょっと足りないけれど、3分もかからないことは意外にたくさんあります。

- メールの返信
- 名刺の整理
- デスク周りの片づけ
- 経費請求の計算
- 会議や打ち合わせ日程の確認
- ゴミ捨てなど

気がついたときにちょっと腰を上げて動けば片づき、ムダにイライラしなくて済みます。

4 やりたくないことは「10分ルール」で片づける

問題は、2分以上かかることをどうするかです。そこで私はもう一つ「10分ルール」を作っています。10分だけ集中すると決めて、苦手なことでも嫌いなことでも向き合います。

私は契約書の類や、ビジネスに関する資料を読み込んで理解することが大の苦手です。そのせいで、よほど集中しないと理解できないという思い込みから、そうした資料を読むことをつい先送りしてしまいます。

ですが、そうしていると、いつまでもそのことが頭の中にあって、なんとなく鬱陶(うっとう)しいのです。**そこで10分だけ集中して読むと決めました。**

10分だけでも集中して取り組めば、たいていのことはある程度片づきますし、そこまでいかなくても端緒(たんしょ)はつかめます。

書類であれば少なくとも、自分は何が理解できないのかがわかります。漠然としていてまったくわからない状態と、何が理解できないのか明確になっている状態とでは、その後に考えることや行動に大きな違いが生まれ、心の余裕も格段に違います。

やりたくないことだからこそ短く済ませる。

これをルール化することによって「ああ、イヤだな」「どうしようかな」と、悶々（もんもん）と考え続ける必要がなくなります。気持ちもさっぱりしてムダにイライラすることが減ります。

アンガーマネジメントには行動のコントロールがあります。自分でコントロールできて変えることができるのであれば、それは今すぐに積極的に関わる選択をすることです。

私たちは、本当は変えられることなのに「変えられない」と言ってはイライラし、逆に変えられないことを変えようとしてはイライラしています。ほんの少しの挑戦で変えられることは、積極的に関わり変えていきましょう。

5 無理に本を読まない

ビジネスパーソン、経営者、講師、親として……私たちは、さまざまな立場で「勉強すること」を求められています。

世の中は日々変化していきます。とくに仕事上のことで勉強していないと、最新だった情報もすぐに古くなり、努力して身につけた技術もいつのまにか陳腐化します。

だからこそ、勉強せずにほかの楽しみを優先させてしまうと、私たちは焦りや罪悪感を覚え、それがイライラにつながるのです。

社会人が手軽にできる勉強の一つは、本を読むことだと言えるでしょう。私は仕事柄、年間400冊くらい読みますが、仕事でなかったら、おそらくこれほど読んでいません。正直マンガを読んでいるほうが楽しいです。

本を読むメリットは、著者の知識や経験がプロである編集者の手により体系化され、そこで整理された情報を取り入れられることです。たくさんの情報を早く取り入れられる本は便利なツールですし、勉強になることは間違いありません。

しかし、本を読まなかったら、人生を豊かにすることができないのでしょうか。もちろん、読むに越したことはありませんが、読まなかったらダメではありません。

また、本を買っただけで安心し、読まなかったら意味がありません。電子書籍が普及し、本をデータで気軽に買うことができるようになりましたが、じつは私も買ったことを忘れてしまって読まないことが結構あります。

それに気づいて以来、読みたいものを読めるときに買うようにして「積読（つんどく）」状態にならないようにしています。

本を読むデメリットは、結局それが人の意見であるということです。当然ながら本には、著者や編集者など、制作に関わった人たちの意見や思いが反映されています。そのことを前提に読まないと、知らぬ間に他人の影響を受けてしまう可能性があります。

情報や知識は、日常のあらゆるところに散らばっています。それに気づき、自らそれを拾い集め、整理できるならば、本を読まずとも十分勉強になるのです。

6 勉強していなくても罪悪感を持たない

本を書いている私が言うのもなんですが、読書したりセミナーに行ったり、いわゆる「勉強」などしなくても構わないと思っています。ほかにも経験や知識を得られ、見聞を深められるものはいくらでもあります。

たとえば旅行です。旅に出ることは読書やセミナーに匹敵する、あるいはそれ以上の体験です。しかも本やセミナーと違い、旅は自分自身の見たこと、聞いたこと、経験したことのすべてが情報であり知識となります。

ですが、無理に旅行する必要はありませんし、それは本やセミナーに関しても同じです。むしろ、そんなことで罪悪感を持つのはよくない傾向です。

なぜ罪悪感を持つことがよくないのかというと、罪悪感を持つと怒りの感情も生まれやすくなるからです。

怒りの感情をライターの炎に例えるならば、罪悪感は炎を燃え上がらせるガスに当たります。

人は自分が信じている「〜べき」が裏切られた時に怒りの火花を散らします。火花が散ったところに罪悪感、不安、辛い、苦しいといったマイナス感情をもっていると、それらがガスとして火花を大きな炎として燃え上がらせるのです。

罪悪感はマイナス感情の中でも大きな存在の一つです。罪悪感を持っている人ほど、怒りの感情が大きくなる仕組みになっているのです。

「勉強していなくて悪い」とか「できていない自分が悪い」と、自分を責める必要はありません。読書していないからといって人生が終わるわけではないし、旅行に出かけないからといって、学びがまったくないわけではないのですから。

7 休みたくなったら休む

「仕事に行きたくない！」と思ったときに休んでもいいものでしょうか？

大昔からあると言えばあり、とても今日的とも言えるテーマです。

私は、どちらかというと仕事が苦にならないタイプで、この数年もほとんど長期休暇をとらず働いてきました。そんな私ですが、朝起きて「仕事に行きたくないな」と思ったときは休んで構わないと思っています。

多くの人はそう思っていても、実際は休めないと考えているでしょうし、それが当たり前と感じているでしょう。でも、やる気がない状態で出勤しても、仕事の生産性は上がりません。

さらに、あなたの機嫌が悪くて同僚や部下に当たったりされても困るし、イヤイヤ仕事をしている人がいると周囲の人にも迷惑です。

また、疲れている顔で仕事をされても心配になります。本人もイヤだろうけれど周りにも悪い影響を及ぼしてしまうことを考えると、リフレッシュできるまで休めばいいのではないでしょうか。

「行きたくない」は十分、休む理由になります。

そんなことを言っても物理的環境が許さない、制度的に無理など、それぞれ事情があるでしょう。でも、その常識、当たり前を疑い、行動しなければ何も変わりません。

おそらく日本人の感覚で「こんなに休んでいいの？」というくらい休むのが、世界の標準です。

先述したように仕事ばかりしていた私ですが、ここ半年ほどは意識して休むようにしています。いつかどこかのタイミングで「もういい加減、仕事がしたい！」「職場が恋しい！」と思うくらい休んでみようかとも考えています。

働き方改革が叫ばれる今、まずは私たちの中にある休むことに対するこの大き過ぎる罪悪感を取り除き、障壁をなくす必要があるだろうと思っています。

8 「二日酔い」で有休を取る

少し前のことですが「社会人としてありえない有休取得の理由」という記事が、ネットで注目を集めていました。

「二日酔いだ」「やる気が出ない」などを理由に、有給休暇を使うのはありえないという内容で「有給休暇は働く人が持つ権利だけど、節度ある使い方をしたいですね」という結論の記事でした。

しかし、労働基準法で認められている「年次有給休暇」というのは、労働者に与えられている権利です。本来、どんな理由で休むのかという報告の義務はありません。

私たちには、権利、義務、欲求があり、これらはそれぞれ別のものです。ところが、この三つをごちゃ混ぜにして考えてしまうことがよくあります。

権利はやっていいこと。
義務はやらなければいけないこと。
欲求はやりたいと思うこと。

会社を休むのは権利です。権利を行使することは何ら悪いことではありません。この権利、義務、欲求をごちゃ混ぜにして考えていると、ムダなイライラを生みます。

まあ、その一方で使用者側には年休取得を拒否する時季変更権というものがあるのですが。

ブラック企業や過労死が社会問題化する中、当然この記事に対しても批判が集まり、「炎上」状態になりました。

有休消化率が世界最下位である日本。この一件からも休むことに対して、日本人がどれだけ罪悪感を持っているのかしみじみ感じました。

9 つらい現状を選ばない

本当につらいときは、学校にも職場にも行く必要はないと思います。そこまでして立ち向かわなければならないなんて、誰が決めたのかもわからない、じつにぼんやりした美徳だと思っています。

小学3年生のとき、私はいじめにあっていました。いちばん酷いころは、クラスみんな（男の子だけでなく女の子まで）が机を寄せ合って並べている中で、私だけ一人でぽつんと給食を食べるなんてことがありました。

担任の先生は、20代の若い女性でした。今から思えば経験不足もあったのでしょうが、「安藤くん、どうしたの?」と聞かれたことを覚えています。「どうしたもこうしたも、見ればわかるだろう」と子ども心に思ったものです。

私は、自分の意志で学校に行くのをやめました。両親は共働きだったのですが、たぶん母は、私が学校に行っていないことに気づいていたと思います。ですが、何も言いませんでした。何も言わずに学校に行かないことを受け入れてくれたのです。あのとき無理に学校に行かせようとせずにいてくれたから、今の私があるのだと思います。

そうやってやり過ごすうちに進級して、5年生になってクラス替えをしたとき、何事もなかったようにいじめはなくなりました。

いじめにあっていた3年生のときの出席日数は、年間で50日程度でしたが、5年生のときは、欠席はたった1日だけ。状況が変われば局面はガラッと変わるのです。

これは子どもの社会だけではなく大人も同じです。今つらいからといって、ずっとつらいかというと、そうではありません。**私が選んだように、つらかったら職場に行かない選択もできますし、つらさが延々と続くこともないはずです。**

しかし、私たちは、それを忘れてしまうことがあります。行き詰まったときには、ギリギリまで追い詰められる前に、ほかにも選択肢があることを思い出してほしい。そしてそれを子どもたちにも伝えていきたいと考えています。

10 LINEで遅刻の報告をされても平気と思う

あるテレビ番組で、LINEで上司に遅刻の連絡をするのは「あり」か「なし」かのアンケートを取ったところ、「あり」が約20％で、「なし」が約80％だったそうです。しかし、このアンケートは聞く対象の年齢によって大きく結果が変わったでしょう。

つまり、若年層に聞けば「あり」派が増え、中高年層に聞けば「なし」派が増える傾向にあることは想像に難くありません。こうした習慣の違いは、私たちが仕事をする中でイライラすることになる大きな原因となります。

たとえば、こういうケースも考えられます。

職場で隣のデスクの電話が鳴っているのに取らない新人に向かって、上司が「なぜ電話を取らないのか？」と聞いたら、真顔で「他人の電話に出るんですか？」と逆に驚かれるケースです。

今の若い人の中には、自宅に固定電話がないことも多く、各自でスマホや携帯電話を持つのが当たり前です。そう考えると他人の電話を取るという行為は、その辺に置いてある誰かのスマホが鳴っているから出るのと同じ感覚なのです。

世代によって習慣の違いがあるのは自然なことです。

私もある時期から件名が空欄（くうらん）になっているメールが増えてきたことに気づき、違和感を覚えていました。

しかし、あるとき若い人に聞いたのですが、LINEやメッセンジャーといったSNSには、そもそも件名を入れる場所がありません。つまり彼らには相手に連絡を取るときに件名を入れる習慣がないのです。

習慣の違いに善し悪しはありません。単純に違うだけのことです。そんなことでいちいちイライラするくらいなら、積極的にほかの世代の人の新しいコミュニケーション方法を学んだほうが楽しいですし、自分の幅を広げることもできます。

ＬＩＮＥにしても、その価値観は世代によって違います。

前は「既読スルーはよくない」が、なんとなく共有できる価値観だったと思いますが、今は「既読スルーは確認した」という意味になっている人も多いそうです。

こうしたコミュニケーション手段、ツールの価値観は、つねに変わり続けます。自分のやり方を続けることのほうが不自然である、と覚悟して楽しんだほうが、イライラを遠ざけることにもなるでしょう。

11

余計にイライラするから 愚痴は言わない

仕事の鬱憤を晴らすのに、愚痴を言う人がいます。しかし仕事のことに限らず、愚痴を言うことは、ますます気分がイライラする悪習なので即刻やめましょう。

あなたは受験勉強の際、たとえば英単語を覚えるのに、どうしていましたか？　おそらく単語帳に書いたりしたものを、繰り返し暗唱して覚えたのではないでしょうか。

英単語の記憶は繰り返しの作業です。なぜなら、繰り返しの作業をすることで記憶に定着させることができるから。つまり、愚痴を繰り返し言うことは、わざわざ自分の記憶に愚痴を定着させる作業をしているのです。

愚痴を言って誰かに聞いてもらうことで、気持ちがスッキリするという人もいるでしょう。しかし、それは幻想でしかありません。

スッキリしたいなら、いくらでもほかの方法があります。

ストレッチや筋トレをしてもいいし、ゆっくりとお風呂に入ってもいいはずで、愚痴を言うことの賢い理由はどこにもないのです。

さらに悪い点は、愚痴を言っているあいだ、自ら過去の感情を引っ張り出してきて、その感情の中に身を置いているということです。そんなことをすれば、いつまで経ってもいかに自分が正しく、相手が間違っているかを正当化し続けてしまうので、何ら生産的な方向に怒りの感情を向けることができません。


怒りは、何かを壊すのが非常に得意な感情である一方で、くやしいからがんばる、負けたくないから発奮するなど、建設的に人生を動かすためのエネルギーにもなります。怒りの感情は人にとってごく自然な感情の一つであり、なくすことも、感じなくすることもできません。であれば、建設的な方向に使うほうが、自分にとっても周りの人にとっても健康的です。

愚痴は、怒りの感情を建設的、健康的に使うことを邪魔するものであり、その邪魔者を作り出しているのはあなた自身なのです。

愚痴っぽい人には、人として魅力がありません。怒りっぽくても人望がある人なら知っていますが、愚痴っぽくて人望がある人は知りません。

愚痴を言うことは、自分に怒りの記憶を定着させることであり、周囲からの人望を失わせる作業です。愚痴を言うことは、怒りの感情と上手につき合うという意味において、百害あって一利なしなのです。

12 「どうしたらできるのか」だけを考える

「なぜ報告しなかったの？」
「何でそんなことに時間を使ってるんだ！」
「どうしてわからないのよ」

こんなふうに、部下や後輩を叱（しか）った覚えのある人は多いでしょう。この叱り方に共通しているのは、原因を聞いていることです。

一般的によくある叱り方ですし、とくに問題があるようにも思えないかもしれませんが、じつはとても効率が悪く、問題をよりこじらせる叱り方になってしまっています。

問題解決の方法には、原因志向と解決志向の二つの方法があります。

原因志向とは、問題の原因をつきつめていき、その原因をつぶせば同じことが起こらないという前提に立つ考え方です。一方、解決志向というのは、問題が起きた原因はとりあえず置いておき、これから先どうすればいいかを中心に考える方法です。

この二つの問題解決法は、どちらが正しくて、どちらが間違っているということではありません。ただ、それぞれに得意分野、不得意分野があります。

原因志向に合っている問題は、因果関係が明確なものです。つまり、Aという原因があったら、必ずBという結果になることがわかっているのであれば、原因をつぶせば問題は解決します。この原因志向のほうが合っている問題の代表例としては、明らかな過失による医療事故や、生産現場での単純なミスなどがあげられます。

一方、解決志向のほうが合っているのは、人間関係、考え方、感情の問題です。この場合、Aという原因があったからといって、必ずしもBの結果になるとは限りません。

たとえば、あなたが高校のテニス部のコーチだったとして、ある有望な部員がインターハイに行くためには何かが足りないと分析をしていたとします。その結果、「中学のときに指導していたコーチの教え方が悪かった」という原因が見つかったとしても、それはもうどうすることもできません。原因志向では解決できない問題です。

私たちは問題を解決しようとする際、癖として原因を聞きがちです。これは原因志向で考えることが正しいことであると、子どものころから教わっているからです。ただし、先ほどの例のように、原因を特定できたとしても、解決にはつながらないことは、じつはいくらでもあるのです。

過去にこだわり、イライラするよりも、この先どうすればいいのかを優先して考えましょう。そこから、理想と現状とのあいだにあるギャップを埋めていくほうが、お互いに精神衛生上メリットがあります。

まずは「なぜできないのか?」を「どうしたらできるのか?」という口癖に変えてみましょう。

原因を追及するよりも、未来の理想を考えるほうが、イライラを遠ざけます。

Chapter 3

自分にイライラしないアンガーマネジメント

Myself

1 「いい人」はやめる

「相手に理解されたい」とは誰もが思うことです。一方で相手に理解してもらうことの難しさといったらないでしょう。なぜ相手は自分のことを理解してくれないのでしょうか？

別に難しいことを求めているわけではないはずです。単純に自分のことを理解してほしい、わかってほしいと思っているだけなのだと思います。

私にもこんな経験があります。

その昔、私はストレスに強い人、我慢強い人と思われていました。

ですので、上司は「安藤はプレッシャーを与えれば与えるほど好成績を出す」と思っていました。上司からすれば自然な判断ですが、私には、自分ができる範囲を大きく超えた何かを求められていると感じることが多々ありました。

当時の私は強がっていたので「自分はストレスに弱い」「自分にはできない」となかな

か言えず、毎日ストレスに押しつぶされそうになりながら仕事をしていました。仕事をすることが、会社に行くことが、苦痛でしかありませんでした。でも、それ以上に弱く見られることのほうがイヤだったのです。

「私を理解してくれ」と思ったり、果ては「どうして理解してくれないのか」と憤ったりと、自分が蒔いた種であるにもかかわらず、自分勝手に怒っていました。

自分を取り繕うことは、周囲を誤解させ、そのことが自分にマイナスのものとなってのしかかってくることが、イヤというほどわかった経験でした。

今は素の自分をそのままさらけ出せ、表現できるようになっているので、対人関係においてあまりストレスを感じていません。

「何でこの人は、自分のことをわかってくれないのだろう」と思ったときは、自分自身が周囲から、〝自分でないもの〟に見えてしまっているかもしれないのです。

いい人に思われたい、カッコつけたいという気持ちもわかりますが、その思いは自分をイライラさせるだけ。自分を偽れば偽るほど、イライラの種をせっせと自ら育てることになるのです。

2 自己開示を積極的におこなう

コミュニケーションにおいて、ジョハリの窓という考え方があります。ジョハリの窓では、自分には次の四つの側面があると説明します。

1 開放の窓（自分も相手も知っている自分）
2 盲点の窓（自分は知らないが、相手は知っている自分）
3 秘密の窓（自分は知っているが、相手は知らない自分）
4 未知の窓（自分も相手も知らない自分）

お互いに知らない自分があると、その部分でコミュニケーションに不具合が起きてしまいます。コミュニケーションを円滑にするためにも、開放の窓を大きくすることがすすめられています。

そのために必要なのが積極的な自己開示です。自分をさらけ出せなければ、コミュニケーションは上手（うま）くいくはずがありません。本当の自分を伝えていないわけですから、スタート地点が間違っているわけです。

仮にその自分を理解してもらったとしても、それは偽りの自分なので理解されたとは実感できないでしょう。本当の自分をさらけ出すことによって初めて相手に理解してもらうことができ、理解されたことが実感できます。

自分を理解されないというイライラを避けたいなら、正直になり、自分をさらけ出しましょう。さらけ出す場はどこにでもあります。普段のコミュニケーションはもとより、SNSだって構わないのです。

盛らない、飾らない、嘘をつかない、大げさに言わない。逆に謙遜もし過ぎない。

正直である、自分をさらけ出すことをいつも意識することが、じつはイライラせずに快適に過ごすコツです。

3 「ぼっちご飯」を楽しむ

少し前に、大学の学食に衝立（ついたて）をめぐらせた一人用の席、いわゆる「ぼっち席」が多く設置されるようになったことが話題になりました。一人で食事をすることに高いハードルを感じている人は多いようです。

なぜ、一人の食事に抵抗があるのかというと、「他人の視線が気になる」「友だちがいないと思われるのが恥ずかしい」「どう過ごしたらいいのかわからない」などの理由があげられるようです。しかし、一人でご飯を食べることは、まったく恥ずかしいことではありません。もちろん、友人と大勢で食べる食事も美味しいですし、大切な家族と食卓を囲むことも素敵ですが、それと同じくらい、一人で静かに食事を楽しむことがあっていいはずです。

「ぼっちご飯」を恥ずかしいとか、居心地悪いものに感じてしまう人は、どうも世間体を気にし過ぎているフシがあります。そういう人は、ほかにもこんな傾向があるのではないでしょうか？

- 自分が意図しないことでも周囲に流されてしまう
- 誰かが一緒でないと行動しない
- 誰かに誘ってもらわないと自分から動かない
- 自分一人で何をしたいのか思いつかない
- いつも「何でもいい」と言ってしまう
- つねに浮いてないか気にして周囲を気にしてしまう
- 人の噂話や悪口が気になってしまう
- 予想外の事態に弱い

もし、他人の目が過度に気になっているなと感じたら、意識して一人で食事をとってみる、行ったことのない店に一人で入ってみましょう。イライラしなくなる習慣として、他人の評価が気にならない「ぼっちご飯」はとてもおすすめの方法です。

4 「やらないことリスト」を作っておく

1月の年頭や4月の期初めに「今期の目標を立てた」とか「今年やりたいことをリストアップした」という方も多いと思いますが、逆の発想として「やらないことリスト」を作ることもおすすめです。

去年1年を振り返ってみてください。

昨年決めた目標が達成できなかった理由として「時間がなかったから」ということはないでしょうか？

おそらく、そういう方が大勢いると思います。

時間が足りないのは、やらなくていいことをいっぱいやっていたからです。やらなくてもいいことをする時間を、本当にやりたいことに充(あ)てられたら、目標は達成できたかもしれません。

ですから、やりたいことと同時に、やらないことを決めるのも、目標を立てる上で重要なことなのです。

たとえば私の場合は、大きく二つやらないことを決めました。まず「異業種交流会には出席しない」こと、そして「プライベートでSNSの使用をやめる」ことです。

異業種交流会は、もともと積極的に出席していたわけではありませんが、近年は積極的に行かないようにします。理由は行った後で「やっぱり行く必要がなかった」と思うことが多いからです。

SNSのことはチャプター1でも書きましたが、使用を控えてもとくに支障はなく、むしろ快適です。仕事として使う分には仕方がありませんが、プライベートとして利用するのを基本的にはやめています。おかげで余計な時間を費やさずに済んでいます。

「やらないことリスト」を作るのは、やりたいことをする時間を作り出すためです。リストにあげる項目は、時間を使っている割には身になっていないことや、後悔したことを洗い出して決めましょう。

リストには、その理由も明確にして書き留めておきましょう。強く決心したことであっても、忙しい日常に直面していると、忘れてしまうことがあります。ときどきリストを取り出して、眺めてみるのも目標達成の助けになります。

目標管理にとって、意外と重要な「やらないこと」の明確化。あなたは、何を「やらないことリスト」に入れますか？

5 普段から持ち物を少なくする

あなたは持ち物が多いほうでしょうか？　それとも少ないほうでしょうか？

もし、あなたが自信を持って「自分は持ち物が少ないほうだ」と言い切れるなら、あなたは怒りの感情のコントロールが上手です。逆に持ち物が多いと思う人は、ムダにイライラすることが多いかもしれません。持ち物の数とイライラの感情は、密接に関係しているのです。

持ち物の数は不安の数です。不安が大きい人は持ち物が多くなる傾向があります。私たちの生活に本当に必要なモノは、じつはすごく限られています。

歯磨き粉だって使い切ってから買えばいいですし、トイレットペーパーでさえ、本来であれば使う分だけ持っていればいいはずです。ところが私たちは、いろいろなモノを買い込んでしまいます。理由は不安だから。「切れてしまったらどうしよう」「なくなったときに困る」と、必要以上にモノを買い込んでしまうのです。

生活必需品に限らず、着ない洋服をたくさん持っている人は少なくないと思います。洋服も「こういうものを持っていたほうがいい」という不安から買っている場合が多々あります。たとえば「ちょっとしたパーティがあったときのために買っておこう」など、必要以上に買っているのです。

また、旅行に行くときも、ムダに荷物が多くなっていないでしょうか。あれこれ持っていくかどうか考えているとき、「こういうケースに備えて」「万が一のために」と、いろいろな考えが頭の中をよぎっていませんか？

不安には悪循環があります。不安だからモノを買う。モノが増えると何を持っているのかがわからなくなるから、また買ってしまう。また買うからモノがあふれて、自分で何を持っているのか、さらにわからなくなる……。

そこで、家の中にあるモノをリストアップしてみましょう。本当に自分に必要なモノはどれなのでしょうか。あるいは、**いきなり家のモノから始めると作業が大変な人は、まずは財布の中から見直すことに挑戦してみるのもおすすめ**です。

毎日、出かける前に財布の中を見直し、その日に必要でないモノはすべて置いて出かけることを習慣にすると、少しずつあなたの不安も持ち物も減っていくはずです。

6 今ここにいることをいつも意識する

なんとなくイライラする。なんとなく不安になる。イライラする理由や不安になる理由を、はっきりと言葉にして表せない人は多いでしょう。

はっきりと言葉にできないから、自分でもどうしてよいのかわからず、なんとなくどんよりした日を過ごしてしまうのです。

このなんとなくイライラしている人の多くは、無意識に過去にこだわっていたり、未来に対する不安に苛（さいな）まれていたりするケースが多いです。怒りの性質で言えば、持続性がある人はとくにその傾向が強くなります。

逆にイライラしない、いつも機嫌よく過ごしている人は、今この場所以外のことを考えていません。過去も未来も、今ここには存在しません。目の前にないものを考えても仕方がないことをよく理解しているからです。

一般的に、子どもが大人よりストレスが少ないのは、大人より余計な不安もなく、過去を振り返らず、未来について余計な心配もせず、今ここを生きているからです。

私たちは、意識だけなら過去にも未来にも、ほかの場所にも自由に飛んでいくことができます。そして、身体が今この場所にあるにもかかわらず、意識や心がないということは、心身が一つになっていないということです。

身体と心が一緒になく、バラバラであれば、健康でいることは難しいです。

昔から心身のバランスを整えることが大事とは言いますが、バラバラであってはバランスを取ることはできません。

ですが「過去のことをくよくよ考えない」「まだ起こっていない未来のことを心配しない」と頭で決めても、なかなか実践することは難しいでしょう。「考えない、考えない、考えない……」と思えば思うほど、逆に考えてしまうものだからです。

「なんとなくイライラしているな」と感じたら、自分が今ここにいることをいつも意識して、心身を健康に保ちましょう。それが機嫌よく過ごすことにつながります。

7 五感が機能しているかチェックしてみる

自分が過去にとらわれていたり、起きてもいない未来を心配していたりすることに気づくのは、じつは意外と難しく、簡単ではありません。意識が過去や未来に飛んでも、身体は今この場所にいるので、なかなか自覚しにくいのです。

そこで、なんとなくイライラしている、なんとなく不安だと思うときは、自分の意識が身体を離れていないかを疑ってみるといいでしょう。

視覚、聴覚、嗅覚、味覚、触覚の五感を使って、自分の今の状態をチェックしてみると簡単にわかります。

- 視覚……目の前のものが見えているか?
- 聴覚……周りの音は聞こえているか?

- 嗅覚……においを感じているか？
- 味覚……食事の味はしているか？
- 触覚……触れたものの感触を感じられるか？

五感が機能しているならば大丈夫です。意識は身体とともに今ここにあります。

しかし、たとえば「隣の席にいる同僚の呼びかけをスルーしがちだった」とか、「スマホ片手に食事を済ませて、じつはろくに味わっていなかった」などということが続いていたら要注意です。

普段から、身体と心を切り離さないようにする習慣を、身につけておくと安心できます。五感をフルに働かせてもいいですし、イライラを感じたら、その場で足踏みして足の裏の感覚に集中してみるのもおすすめです。

8 「調子がいいときの自分」を再現できる

人間には好調なときと不調なときがありますが、私は不調なときは「好調時の自分」を再現することで、好不調の波に翻弄されにくくすることができると思っています。そのために必要なのが、自分の調子がいいときの状態を言語化し、記述することです。

調子は本人の感覚的なものなので、その感覚を正確に覚えておくのは至難の業です。つまり「今いい感じ」というのを「今いい感じ」としか言い表せなかったら、再現するのはかなり難しくなります。

日ごろから「調子がいいとき」の自分の心身の状態や考え方を意識し、つぶさに観察して、できるだけ言葉で表現し、できれば書き留めておくようにしましょう。

たとえば、調子がいいときは自然と胸を張り、背筋が伸びているという人も多いと思います。もし調子がイマイチなときは、意識してこの身体の動きを再現するのです。実際に胸を張って背筋を伸ばしてみると、気分も上がってきます。

再現性というと、お手本になるのがロボットやコンピューターです。ロボットやコンピューターの再現性が高いのは、一つひとつの動きが言語化されているからです。複雑な動きであっても、何度でも正確におこなうことができます。

記述されていないことに対応できないもろさはありますが、その点、人間の場合は、まったく対応できないということもないのではないでしょうか。言語化を積み重ねていれば、未知のことに直面しても、これまでの蓄積を使って対処できる可能性も高まります。

不調だなと思っても、うまく浮上する方法を知っていれば怖くありません。好不調の波にイライラすることもなくなります。

そのためにも、自分の状態を把握し、表現できることは重要です。慌ただしい毎日を過ごしている人は、とくに自分の心、身体の状況を意識することを忘れないようにしましょう。

9 居心地のよさを手放す

チャプター1で「人は自分と似た人に親近感を覚えるので、同じような人たちの集まりの中にいることを自然と選んでしまいます」と書きました。もちろん、これは悪いことではありません。

しかし、もしその集まりの中にいることで、なかなか自分が成長しない、進歩がないと感じたとしたら、それでも居心地のよさを選ぶでしょうか？

本当なら、もっと自分は上のレベルを目指せるはずなのにと、イライラしたり鬱屈した感情を持ったりするくらいなら、今の居心地のよさを手放し、居心地の悪い世界へ飛び込む勇気を持たなければなりません。

私も会社員時代、自分では起業したいと強く願っていましたが、周りに会社員しかいなかったので、どうやって起業していいのかわかりませんでした。起業するとはどういうことなのか、起業した後でどうなるのかもよくわからなかったのです。

同期たちと飲んだときなど、「俺はいつか起業する！」と口では言っていましたが、実際に行動は起こせていませんでした。そのときは現状に満足していなかったつもりですが、今から考えれば、結局その場所の居心地がよかったのです。

実際に起業すれば、本当のところ自分はどの程度できるのか、残酷な現実を目の当たりにすることになります。それを心の奥底では恐れていたのです。

しかし、現状に満足せず、イライラしているようであれば、今の居心地のよさに安住せず、新しい世界、挑戦したい世界へ踏み出すしかありません。あえて居心地の悪い場所に行きましょう。

最初は居心地の悪さにイライラするかもしれませんが、どのみち現状に満足できずにイライラしていたのですから、それは自分の世界を変えるためのものだととらえましょう。

自分の世界を変えるのは本当に大変なのです。

それでも、環境を変えるだけで自分の世界を変えられるのであれば、試さない手はないのです。

10 一人の時間を好きなように過ごす

日本の社会は、協調性が豊かな人間を高く評価するようになっています。「和を以て貴しとなす」と聖徳太子が十七条憲法で言ったように、古くからこうした考えが受け入れられやすいようです。

つまり、もしかしたら日本の社会では、自分の価値観で生きていくことが難しいのかもしれません。協調性を過度に意識することで、他人の評価に自分の行動や選択を左右されることになるからです。

しかし、つねに他人の意見を気にして、それに合わせて生活することは、本当に自分のやりたいことを、無意識に我慢させられている状態です。このような状態を続けていると、当然イライラはつのります。

もちろん協調性は大事です。しかし、だからといって自分が選んだり決めたりすることに、いつまでも自信が持てずにいると、私たちはどんどん自主性を失ってしまいます。結局、自分で他人の意見を優先すると決めて選んでいるのに、そのことがストレスになっているのです。

イライラしない人は、毎日の生活の中で自分自身を取り戻す方法を持っています。いろいろな方法はあると思いますが、**一人で自分の行きたい場所に行き、やりたいことを選び、自分のペースで時間を過ごすのは、自分の時間を取り戻し、自主性を磨くにはぴったりの方法**です。

このとき、おすすめのスポットや時間の過ごし方など、他人にアドバイスや意見を求めることはやめましょう。他人の評価に左右されず、自分自身で決めることが大切なのです。

11 バイキングで「食べない」という選択をする

以前、海外のホテルで朝食を取ったときのことです。そこで周りの人たちを見渡していたところ、あることに気づきました。

それはバイキングを前にして人が取る行動は、その人の心身の状況を映し出していることです。

結論から言うと、バイキングでめいっぱい、食べきれないほどの量を盛りつけてしまう人は、イライラしやすい人です。たくさん取ってしまう人は、その状況で何が自分に必要なのか優先順位をつけるのが下手なのです。

バイキングは、さまざまな料理がたくさん並んでいて「なんでも食べていいよ」という状況ですから、たしかに魅力的です。

しかし、そういう人を見ていると、目に映るもののどれもこれもが美味しそうで欲しくなるのでしょう。片っ端から手を出して目の前に並べて、一瞬は満足するのですが、結局は食べきれなくて残してしまうことも多いようです。

また無理やり食べ切っても、朝からお腹いっぱいになってしまいます。1日の始まりをキツキツのお腹を抱えて過ごすことになり、後悔する人も少なくありません。

いずれにしろ、これらの人は自分の食べられる量がわからない、自分自身を理解できていません。

私は「足るを知る」という言葉が好きなのですが、心に余裕がある人は、この「足るを知る」を理解しています。

だから、ホテルのバイキングという非日常であっても、普段食べているものと変わりないものを選び、適切な量を食べて満足することができます。

かつて『清貧の思想』（中野孝次著／文春文庫）という本がベストセラーになり「清貧」という言葉が流行したことがありました。

ここでいう「清貧」は節約をしようとか、贅沢は敵だとかいうことではなく、お金やモノに振り回されずに、自分に必要な最小限のものだけを得て、心豊かに暮らすという日本の伝統的なライフスタイルの一つです。当時、バブルの狂騒に疲れた人々に大きな共感を呼んだのもよくわかります。

選択肢がたくさんあることはよいことであり、豊かさの象徴のように思われがちですが、むしろ逆なのかもしれません。あれもこれも食べたくても、自分の胃のサイズは限られています。

バイキングで料理を盛り過ぎない、バイキングであっても普段どおりのものを適量だけ食べることは「選択しないことを選択すること」であるとも言えます。

旅先で「朝ごはん、何を食べようかな？」と悩むことも楽しいことではありますが、あえて「選ばない」ことをしてみるのも、新たな自分を発見することにつながるでしょう。

Chapter 4

プライベートでイライラしないアンガーマネジメント

Private

11 毎朝のテレビ番組を変える

あなたは毎朝、違うテレビ番組を見ていますか？

おそらく、ほとんどの人は毎朝、同じテレビ番組を見ているでしょう。では、なぜそのテレビ番組を見ているのか、じっくり理由を考えたことはあるでしょうか？

もしかしたら、じっくり考えれば何かしらの理由があるでしょうが、本当のところ、それは「惰性」というキーワードがいちばん当てはまるのではないでしょうか。この惰性が怒りの感情と上手につき合う上で、じつはとても厄介な存在なのです。

明日からは毎朝、違う番組を見ることをおすすめします。たったそれだけでイライラしにくい体質になれます。

私たちは、基本的に「変わりたくない」と思っています。「自分は変わりたいと思っている」という反論も聞こえてきそうですが、残念ながら、変わりたくないというのは大袈裟に言えば、生命の基本的な性質なのです。

理科の時間に、ホメオスタシスという言葉を習ったことがあると思います。生命が同じ状態を維持しようとする性質のことです。気温や湿度など外部の環境が変化しても、この性質があるから私たちは健康を維持できるのです。

ホメオスタシスは本来、生体を一定に保とうとする性質なのですが、生活全体にも大きな影響を与えて「生活パターン」を形成しています。毎朝、同じテレビ番組を見て、同じ時間に家を出て出社するというのは、その典型的なものです。

パターンで生きることは効率よい面もあるので、決して悪いこととは言い切れません。しかし、パターンがほんの少しでも崩れると、イライラしやすくなるという大きな欠点があります。

だから、自らパターンを壊す努力をして、パターンが壊れても大丈夫という準備をする必要があります。

パターンを壊すのに大きな作業はいりません。簡単にできることを毎日試せばいいだけです。毎朝、違うテレビ番組を見ることは、その一つなのです。

2 生活パターンを自ら壊してみる

毎朝、見るテレビ番組を変える習慣がついてきたら、その後の自分の生活パターンを振り返ってみてください。

あなた自身、心当たりがあると思います。毎朝、同じテレビ番組を見ることから始まり、電車はいつも同じ時間、同じ車両に乗るのではないでしょうか。周りを見渡せば、きっと同じような顔ぶれになっていると思います。

昼休みによく行くカフェで、お気に入りの席が決まっている人もいるでしょう。しかし、そこに誰かが座っていると「自分の席に座っている!」と、心の中で舌打ちしたりしていませんか?

ホメオスタシスの性質上、私たちはどんな些細なことでも変化したくないのです。ほんの少し、何かが変わるだけで居心地が悪くなり違和感を覚えイラッとします。だから、変わりたいと思いつつも、同じことを繰り返してしまうのです。

前項にも書きましたが、繰り返しの毎日は、ちょっとでもそのパターンが崩れるとイライラを生んでしまいます。よく行くカフェのお気に入りの席に誰かが座っていたら、「自分の席なのに」と思い、ムダにイライラしてしまうのもこのせいです。

そんな状況から脱出したいなら、やることはいたってシンプルです。自分からいつもと違うことを、毎日ちょっとずつ試せばいいのです。

アンガーマネジメントでは、これをブレイクパターンと呼びます。私たちには決まったパターンがあって、それを無意識になぞって生きているのです。

食べるものや着るものを変えて、家を出る時間や通勤ルートを変えて、お昼休みのカフェや帰りに立ち寄る居酒屋を変えて、帰宅後も入浴剤や寝る前に見るテレビ番組を変えるなど、変えるものは何でも構いません。変えやすく、変えるのに大きな努力のいらないものでOKです。

これだけでも、その威力は絶大です。ほんの少しの努力が、やがて大きな変化を生み出すことになり、変化が起きても問題なく受け入れられるメンタルが作れます。

3 使い慣れたものより新しいものを選ぶ

あなたは使うものにこだわりがあるでしょうか？

人によっては、長年使い慣れているものを好んで使う人もいると思います。

私はどちらかというと、新しいもの好きです。仕事道具でもあるので、パソコンはしょっちゅう買い替えています。

今使っているものでも、別に不便はありません。不便はありませんが、あえて替えてみるのです。替えてみることによって、新しい使い方だったり、自分の非効率さに気づいたり、よりよい使い方などがわかることがよくあるからです。

そのほかにも、身の回りで使うもの、たとえば電気シェーバー、歯ブラシ、文房具、バッグなど、使い慣れていたとしても、かなり頻繁（ひんぱん）に買い替えています。

使い慣れたものを長く使うことで、余計なストレスを感じさせないというのも一つの選

択肢です。

たしかに、新しいものを使うとき、ちょっとした操作の違い、勝手や造作の違いなどにストレスを感じて、イラッとすることがあるかもしれません。イライラしないために新しいもの好きになるようにすすめているのに、それでは逆効果になってしまいます。

しかし、普段から積極的に新しいものを試す習慣ができていると、使い慣れないものを使ったとしても、特段イラッとすることがなくなります。しれっとストレスフリーに使うことができるようになるのです。

私が怒りの感情の専門家として、本書で繰り返し言っていることは、ポイントを絞ってしまえば「いつでも、どこでも、どんな環境になっても、何があってもいちいち振り回されない心を作る習慣をつけておくこと」です。

つまり、安定的な平穏よりも、ちょっとしたイレギュラーを楽しむという方向に思考をシフトチェンジしたほうが、ストレス耐性が高まるのです。身の回りのもので新しいものを積極的に使うというチャレンジも、その一環です。

4 食事へのこだわりが幸せを奪う

豊かになった現代人にとって、こだわりは切っても切れない関係です。服、インテリア、持ち物などは、こだわりはじめればキリがありません。

そして、食事はその最たるものでしょう。今は食材や調理法を厳選し、納得いくまでこだわって食事をすることが、比較的自由にできます。

しかし、こだわりが強くなると「食べてはいけないもの」「食べられないもの」が増えていきます。

極端な例ですが、添加物の入った食品は絶対に食べないという人は、災害にあったときに、つまりコンビニのおにぎりやカップ麺しか食べるものがないときに、それを食べることができなくなってしまいます。

私も普段はできるだけ添加物が入っていない食品を選ぶようにはしていますが、必要であれば何でも美味しく食べます。

登山で遠出しているときなどは、補給食として添加物がいっぱい入ったものをあえて選んで食べることもあります。そのほうがエネルギーが吸収しやすかったりするからです。

また、こだわりは自分に制限をかけることにもつながります。この制限が幸せを感じることを制限することもありうるのです。

たとえば、**自分のこだわりにぴったり合った食事に出会ったときは、大きな幸せを感じるかもしれませんが、そのような食事でなければ幸せを感じられません。**

このように、こだわりが幸せの回数を制限していると言えるのです。

何を食べても美味しいと感じられる人であれば、毎食で幸せを感じられます。そのほうがおそらく幸せだと感じられる場面はずっとずっと多くなります。

こだわりを持つことはとてもいいことである一方で、こだわりが強過ぎると自ら自由を奪っていることになるのです。

5 出されたものは何でも美味しく食べる

食べることは、単に空腹を満たすだけではありません。身体を作り、心身を整えるためにも重要です。私自身もどんなものをどんなふうに食べるのか、主体的に選ぶことは大事なことと考えています。

しかし一方で、食事に自分の好みを求め過ぎることは、怒りの感情のコントロールの面ではマイナスに働く場合が少なくありません。

現代の日本で暮らしていると、周囲には美味しい食べものがあふれています。これだけ便利な生活に身を置けて、簡単にカロリーを摂取できるようになったのは、社会としてすばらしい発展です。

何をするにも身体は重要ですし、現代は食べ物に関してかなりの選択肢があるのですから、自分が食べたいものに執着したくなる気持ちはよくわかります。

しかし、自分が食べたいものに執着し過ぎると、かえって自分を追い込むことになってしまいます。いつでもどこでも自分の望む食べ物が、絶対に出てくることが保障されている人なんていません。

たしかに好みはあるけれど、出されたものは何でも美味しく食べられるくらい、ストライクゾーンを広く取っているほうが心の健康が保てます。

自分の望むものしか受け入れられない人はイライラしやすいものです。自分はその傾向が強いなと感じたら、状況によっては柔軟に対応し、何を食べてもＯＫ、美味しくいただこうという大らかなスタンスを持つように心がけるだけでも、ずいぶんと心が楽になります。

それを習慣にできれば、幸せをたくさん感じられますし、イライラする回数は、ぐっと減ります。

6 価値観を合わせるよりも、違いを受け入れる

２０１６年６月６日に日本アンガーマネジメント協会が発表した統計によると、イライラした際、離婚を考えたことのある人は、女性が49％に対して、男性は30・３％でした。男性の場合、その理由として「総合的に」（30代）、「あまりに理不尽」（30代）、「全体的に」（40代）、「わりとよくあるのでわからない」（50代）など、包括的・抽象的なものが大半を占めました。

その一方で、女性は「自分だけが大変だとアピールし、妻や子どものことを配慮しない」（30代）、「ものすごく長い変な微生物の名前は言えるのに、話しておいた予定をすぐ忘れることが何回か重なったとき」（30代）、「地震の際に自分だけ逃げた」（40代）など、非常に具体的なエピソードとともに離婚を考えた際の理由をあげていました。

今や日本でも離婚率はおよそ３組に１組となり、家庭内離婚や別居などを含めれば、も

っと多くの夫婦がその関係に終止符を打っているでしょう。

夫婦間で重要なのは、価値観を合わせることではありません。価値観は一緒でなくてもその違いを受け入れることです。価値観は長い時間かけて作られるものであり、簡単に合うものではないという前提に立っておいたほうが自然です。

そのため**価値観は違っていて当然なのですが、その違いの差をどこまで許容できるのかお互いに決めておくことが大切です。**お互いに何は許せて、何は許せないかを、具体的、明確に伝えていないので、夫婦のすれ違いが起きるのです。

たとえば、家事を分担することについて、何は許せて、何は許せないのかを、お互いに具体的に書き出しておきましょう。その際は「ちゃんと」「しっかりと」「きちんと」などといった、曖昧な程度を表す言葉を使わないことがコツです。

夫婦関係でイライラするのは、お互い目に見えないものが多過ぎる場合がほとんどです。どちらにも「これくらいはわかるはず」という甘えがあるので、曖昧な表現は避けて、見える化の作業をしましょう。お互いに相手へのリクエストを具体的に明確化する努力を惜しまないよう心がけてください。

7 感情を言葉にして伝えている

先の調査（２０１６年）では、さらに「パートナーへのイライラをどのように伝えますか？」の質問に、男性は「伝えず、自分の中で処理する」人の割合が、女性は「パートナーに直接話す」人の割合が、それぞれ最多数になっています。

男性の自由回答を見てみると、「態度で示す」(20代)、「伝えない」(30代)、「時間で解決」(50代）などとあり、怒りを言語化しない傾向が見える結果となっています。

２０１７年の調査でも、怒りを解消するための手段として、「誰かに話す」を選択している女性は53・９%なのに対して、男性は27・８%。男性は女性の半分程度しか、誰かに話すということをしていません。

また男性は、怒りを解消するために、33%は「何もしない」と回答し、29・２%は「寝る」と回答しています。女性が話すことで経験をシェアしようとしているのに対し、男性は自分の中に押しとどめて経験をシェアしない傾向にあることがわかります。

メラビアンの法則が、誤解による通説で広く知れ渡ってしまったので、非言語コミュニケーションがいかに大事であるかのように勘違いされています。ですが私たちのコミュニケーションの中心は言語です。メラビアンの法則は感情や態度について矛盾したメッセージが発せられたときの人の受け止め方について、人の行動が他人にどのように影響を及ぼすかという実験による俗流解釈です。

この法則によると、話の内容などの言語情報が7%、口調や話の早さなどの聴覚情報が38%、見た目などの視覚情報が55%の割合であったことから、話の内容よりも話し方のテクニックや見た目が重要と勘違いされてしまっています。**しかし、本当に相手に理解してほしいなら、相手が理解できる言葉を使って伝えることです。**

メラビアンの実験も「好感や反感などの態度や感情のコミュニケーション」において「言葉の送り手がどちらとも取れるメッセージを送った」場合、「メッセージの受け手が声の調子や身体言語といったものを重視する」ことを指摘したに過ぎません。

態度や見た目、話し方のテクニックでどうにかなるわけではないので、感情は言葉にして相手に伝えましょう。人間関係でムダにイライラしない人は、言葉の重要性を理解しているのです。

8 「怒りの言葉」の強度や意味を確認し合う

怒りを言葉で表現するのは、意外に難しいものです。

たとえば、あなたが「俺は怒っているんだ」と相手に伝えたとして、相手はあなたがどのくらい怒っているのか理解することは、じつのところなかなか難しいのです。

なぜなら、怒りという感情は非常に幅が広く、イラッとした軽い怒りから憤激（ふんげき）したというとても強い怒りまで、すべて含まれるからです。

ここで、ぜひ温度計をイメージしてください。それは怒りの強度を示す温度計です。0度から10度までメモリがあって、0を穏やかな状態とし、10を人生でいちばん強い怒りの状態だとします。

たとえば、あなたが「怒る」という言葉を使ったとき、それはこの温度計を使うと何度になるでしょうか。あるいは「イラッとする」「ムカつく」「腹が立つ」といった言葉は、それぞれ何度になるでしょうか。

仮にあなたが「怒る」を5度としたとします。しかし、あなたのパートナーにも同じ温度計で「怒る」に温度をつけてもらった場合、5度になるとは限りません。

怒りの感情を表現する場合「呆れる」というのも、人によって使い方が割れる言葉の一つです。軽い怒りを呆れると表現する人もいれば、怒りを通り越えた感情を呆れると表現する人もいます。すると、相手が「呆れる」という言葉を使ったとき、前者と後者では意味が天と地ほども違ってくるのです。

私たちが普段、何気なく使っている言葉も、相手と自分では使っている強度、意味が違うことはよくあります。それはいつも一緒にいる夫婦や親子、家族でも同じです。

人間関係でムダにイライラしない人は、言葉の重要性だけではなく、お互いに伝え合う難しさをよく理解しています。普段から自分が使っている言葉、相手が使っている言葉の強度、意味などを、お互いに確認する作業を怠らずにやっているのです。

面倒くさいなんて思わないでください。

ほんの少しの努力が、夫婦や家族、友人たちとの人間関係を劇的によくするのです。

とくに夫婦喧嘩が少し多いかもしれないと自覚している人は、まずは夫婦でやってみることをおすすめします。

9 自分の「機嫌の鏡」を持っておく

とくに理由もなく、相手が「なんとなく怒っているのでは？」と、思うことはないでしょうか。

たとえば、パートナーが「怒っているのかな」と感じたとします。そう思うと相手に対して、あなたは「何を怒っているの？」と聞くでしょう。

すると相手からは「いや、とくに怒ってないよ」という答えが返ってきます。しかしあなたは「そんなはずはない。怒っている顔をしているよ！」と、相手が怒っていることを認めるまで聞く……こんな経験はないでしょうか？

ほとんどの場合、パートナーも怒っていません。怒っているのは自分自身です。自分が怒っていることを相手に理解してほしくて、相手に怒っているかどうかを確認し続けています。

これは心理学でいう自己投影の一種で、自分の中にある認めたくない感情や心理を、相手の中にあるように無意識に感じているのです。

相手が怒っていると感じたときは、なんとなく自分も怒っているときが多いな、と感じたことがある人も少なくないと思いますが、じつはこの心理による影響なのです。

ですから、自分の機嫌がよいときには、相手が怒っているとは感じません。自己投影は機嫌がいいときよりも悪いときに感じる人が多いのです。

これは人の認知、思考のエラーと言えます。自分が機嫌が悪いとも知らずに、相手が機嫌が悪い、怒っていると感じる場合、それを受けて、さらに自分も機嫌が悪くなり、怒ってしまうのです。

そうした思考のエラーを防ぐためには、自分がエラーを起こすときの状態を知っておくことです。

たとえば、私の場合、Twitterを眺めていて、「世の中って平和だなあ」と感じているときは、自分の心は平穏です。逆に「世の中、何でこんなに悪いことだらけなんだろう」と感じるときは、自分の機嫌や状態がよくないときです。

「Twitterは、だいたい同じ人をフォローしているので、いつも似たような情報がタイムラインに流れています。その同じような情報を受け取っていても、自分の状態によって情報の意味づけを変えているのです。

このような、自分の機嫌をチェックできるツールを探しておきましょう。自分がクリアに考えられているのか否かを、見ればわかるようにしておけば、一人で自分のことを客観的に見られるようになり、不要な自己投影をせずに済みます。

10 質のよい睡眠を取るための努力をする

あなたは寝る努力をしているでしょうか？

寝る努力というと、なんだかおかしく聞こえるかもしれません。「寝ることに努力なんて必要なの？」「眠たくなったときに寝ればいいだけの話じゃないのか？」などと思う人も少なくないと思います。

私自身、ほんの少し前までは、寝ることに関してはとても自信を持っていました。いつでもどこでも寝られましたし、夜遅くにコーヒーを飲んでも関係なく、ベッドに入れば本を読むことができないほど寝つきが早かったのです。

しかも、いったん眠りにつけば朝まで起きません。さらに朝起きてすぐに全力で活動できたので、寝ることに関して何か自分に問題があるとはまったく思っていませんでした。**それどころか、自分は人よりもはるかによい睡眠を取っていると考えていたくらいです。**

当時の私は、だいたい深夜12時から1時のあいだに寝て、早朝5時過ぎに起きていました。短ければ4時間、長くても5時間がせいぜいというところでした。

じつは毎日、昼間に眠くなり、仕事が進まずイライラすることもありましたが、昼寝をすれば問題ありませんでした。むしろ、昼寝をすることで午後の活力がアップすると信じていたのです。

ただ、あるとき、ふと「はたして本当に自分は、質のよい睡眠が取れているのだろうか？」と疑問に思いました。そこでスマホのアプリを使って、睡眠を計測し始めてみたところ、自分でもびっくりするような結果になったのです。

スリープサイクルというアプリを使うと、利用者の快眠度が測れます。そのアプリによると、日本人の平均快眠度が61％でした。それに対して、計測し始めた私の快眠度は59％だったのです。

しかし、寝る努力を重ねた結果、今では私も質のよい睡眠を取れるようになりました。

詳しくは後述しますが、アプリでの快眠度も、平均で70％を超えるようになっています。

そのお陰で日中眠くなることがなくなり、生産性が上がりました。

11 「記録→実験→改善」で快眠度を高める

睡眠不足のとき、イライラしやすくなると感じたことはないでしょうか？

イライラや怒りの感情は、脳にある扁桃体（へんとうたい）が密接に関係していることが知られています。睡眠不足になると、扁桃体が活性化する一方で、その活動を抑制する前頭前野（ぜんとうぜんや）の機能が低下するのです。

私は眠くなると機嫌が悪くなる傾向があるのですが、それは私に限らず人間である以上、こういうメカニズムがあるから当然のことなのです。

睡眠には自信があったのに、わずかな差とはいえ、平均よりもよい睡眠が取れていなかったと知った私はそれ以降今でも質のよい睡眠を取ることに力を入れています。

その秘訣（ひけつ）は記録です。具体的には睡眠に関する自分の記録を取り続けることで、自分がどのような状態のときに質のよい睡眠が取れるのか、段々とわかってきたのです。

たとえば私の場合、飲酒をすると睡眠の質が下がることがわかりました。また、疲れ過ぎていてもダメですし、遅い時間にカフェインをとってもダメでした（それまでは平気で夜遅くてもコーヒーを飲んでいましたが）。

さらに、部屋は真っ暗なほうが快眠度はよく、室温も低いほうがいい結果が出ました。

このようにして、今も毎日どうすれば質のよい睡眠が取れるのか、記録、実験、検証を繰り返しています。

質のよい睡眠を取る努力をするうちに、快眠度は大きく向上したのはもちろん、昼間に眠くなることがなくなり、イライラすることもなくなりました。

たかが睡眠、されど睡眠です。ムダにイライラしたくないのであれば、質のよい睡眠を取る努力をすることが本当に大切なのです。

12

あおり運転をしない

２０１７年、東名高速道路で走行妨害の危険運転による痛ましい事件がありました。
この事件はパーキングエリアで枠外の駐車を注意された容疑者が逆上、猛スピードで追跡し、一家４人を乗せたワゴン車を追い抜いたあと、前に割り込んで減速。追い越し車線上で停止させた結果、ワゴン車は後ろから走ってきたトラックと衝突し、乗っていた夫婦が、娘たちの前で亡くなるという悲惨なものでした。

アメリカでは、このような危険運転を「ロードレイジ」と呼んでいます。ロードレイジとは、運転中に怒りの感情から、ほかのドライバーをあおったり、割り込みをしたりといった危険運転をして報復することです。アメリカでは、じつは30年以上も前から、ロードレイジが社会問題になっています。

ロードレイジは、典型的なアンガーマネジメント事案です。実際、アメリカでは危険運転やスピード違反をすると、裁判所からアンガーマネジメントを受講するよう命令が出ることもあるくらいです。それほど運転と怒りの感情、イライラは密接に関係していると考えられています。

なぜ、ロードレイジが起こるかと言えば、車とは鎧（よろい）のようなもので、自分が守られている感覚があること、匿名性（とくめいせい）が高いこと。そして、自分の意のままに操れるので、自分が強くなったという万能感を持ちやすいことなどがあげられます。

アメリカのカリフォルニア州運輸局では、ロードレイジの加害者、被害者には誰もがなると警告をしています。普段から怒りっぽい人だけが加害者になるとは限らないのです。

それでも、あえてロードレイジの加害者になりやすい人の特徴をあげるとすれば、次のようなものになります。

● 自分の運転は平均以上だと思っている

- 車線変更を頻繁にする
- 急いでいる
- 運転しているときは気が大きくなる
- 高価な車、大きい車に乗っている人間が偉いと思っている

あなたはいかがでしょうか？
少なからず、どれかには当てはまる節があるのではないでしょうか。そう、ロードレイジの加害者には、誰もがなりうるのです。

カリフォルニア州運輸局では、ロードレイジの加害者、被害者になりそうな場合、とにかくその場から立ち去る、逃げるように注意喚起しています。その場所にいてトラブルに巻き込まれるくらいなら、対象が完全に視界から消えるまで離れることを鉄則としています。

車の運転は、好き嫌いは別にして、つねにストレスを感じている状態にあります。その

ため、普段よりも確実にイライラしやすくなっています。

運転をしているときこそ、自分のアンガーマネジメント力が試されているときなのです。努めて安全運転を心がけましょう。車の運転は、あなたの価値を表すものではないし、ましてやあなた自身を評価するものではないのですから。

Chapter 5

お金でイライラしないアンガーマネジメント

Money

11 コンビニに行かない

私もコンビニは利用しますが、自分への戒め（いまし）も含めて書きましょう。

コンビニは本当に便利ですね。とくに用事がなくても、つい入ってしまうこともよくあります。

何気なく売り場をうろうろしているうちに、「そういえばティッシュが切れそうだった」とボックスティッシュを買ったり、「美味（おい）しそう！」と、新商品のお菓子やジュース類を買ってしまったりすることがあるのではないでしょうか？

ボックスティッシュはドラッグストアやスーパーに行けば、もっと安く買えたはずです。お菓子もなんとなく買ってしまったけれど、別にすごく食べたいわけではないことも多いでしょう。

つまり、場当たり的に、衝動的にお金を使っているのです。これがイライラする原因の

一つになります。

イライラしてしまう人は、お金を衝動的に使っている傾向があります。たとえば、イライラしたからヤケ食いしたり、ヤケ酒を飲んだりしてしまう。そこにいくらお金を使っても、イライラさせる環境がある限りイライラは解決しません。

こういう場合、ヤケ食いをしなくていいようにするには、どうすればいいのかを考えることが先です。そうすれば余裕のある気持ちで、ヤケ酒ではない美味しいお酒を飲むことができます。

コンビニで不要な散財をしている人は、自らお金を出してイライラする環境を作っているようなものです。今あなたが払ったお金の何回分あれば、イライラしない環境ができるかと、一度考えてみましょう。

パソコンの起動や動作が遅くてイライラするなら、何回コンビニに行くのをひかえれば、速いものに買い替えられるだろうかと考えてみましょう。そのうち衝動的なお金の使い方はしなくなり、イライラから解放されます。

2 「何にお金を使うのか」優先順位をつける

イライラしない人は、その原因を上手にお金で解決しています。

「お金で解決する」と言うと、なんだかいやらしく聞こえてしまうかもしれませんが、自分がイライラしないためには、何にお金を使ったらいいのかがわかっています。つまり、使わなければならないときには、それなりに高額であっても使えます。

お金の使い方がヘタでイライラしている人は、自分が何にお金を使ったらいいのか、その優先順位がつけられていません。細々したものには考えなしで使ってしまうのに、思い切って使えば解決するようなものにはケチってしまい、結果イライラしているのです。

たとえば、料理がサッとできなくてイライラする人は、切りやすい包丁や生産性の高いキッチンツールを買い揃(そろ)えればいいでしょう。遠距離通勤でイライラするなら、会社の近くに引っ越せばいいのです。

しかし、そういう解決策に目を向けず「目の前のものでなんとかしなければいけない」とか、「まだ使えるのに、新しいものを買い替えるのに罪悪感がある」とか、根性や我慢でなんとかしようとするからイライラするのです。そして、いつまでたってもイライラし続けることになります。

イライラしない人は、イライラしない環境を作るために適切に、そして積極的にお金を使うことができていると言えるでしょう。自分がどうすればイライラしないのか考えて、必要だと思えば惜しみなくつぎ込むことができるのです。

お金そのものには価値はありません。お金は使うことによって価値が生まれます。お金でイライラしない人は、お金を上手に価値に変えられる人です。

もちろん、ムダづかいはすすめません。しかし、イライラしない環境に貢献するものなら、収入の一定割合を使うのはとてもよい投資です。

3 節約し過ぎない

「まだ早い」

何かをしようと思ったとき、私の頭にはこの言葉が去来します。

たとえば、飛行機で移動をするとき、少し狭くてもたった数時間限りのことだと思えば「エコノミークラスでもいいか」と思い、ビジネスクラスは自分には「まだ早いかな」と感じていました。

そんなふうにとらえることが多かったので、ホテルに泊まるときも、レストランを選ぶときも、何かを買うときも、なんとなく、高価なものを分不相応（ぶんふそうおう）と思い、控える傾向がありました。

でも気づいたら、もう50歳目前になり、いつになったら「まだ早い」ではなく「もう十分」になるのかと考えるようになりました。そして、いつになったら「まだ早い」と思わなくなるのか、人生いつまで待てばいいのかと考え込みました。

すると自分が、自分自身の基準ではなく、世間的に見て漠然と、なんとなく「まだ早い」と考えてきたことに気づきました。

私たちは節約し過ぎることで、自分の人生を制限し続けています。節約しない＝ムダづかいをするということではないと思います。

一般的に節約は美徳とされています。しかし、節約した先に何を求めているのかが大事です。目的を持って節約するならいいのですが、ただ漠然とした節約では自分の人生の豊かさを削っているのと同じです。

欲しいものを我慢して節約し続けることで、自分の人生なのに、気がつけば何を楽しめばいいのかわからなくなってしまいかねません。それは無意識に自分を卑下（ひげ）し、人生の重りになってしまうことになるのです。

「節約目的の節約」をしないようにしたいものですね。

4 消費と投資とを分けて考える

「もったいない」

何かをしようと思ったとき、私の心には「まだ早い」だけではなく、この言葉も浮かんできてしまいます。多少の差はあれ、これはおそらく、あなたも同じなのではないでしょうか。

私はモノを買うことをあまりしないので、主に旅行や食事など「経験」にお金を支払うことが多いのですが、たとえば新幹線のグリーン席に乗るのは「もったいない」と感じていました。

しかし最近では、それは消費というより投資だと考えています。**むしろ、価値があると**

思ったことに一切の制限をかけずにお金を費やしていくと、いったい何が変わるのか実験をしています。

今、その実験の結果として実感している変化は、自分の心に余裕が生まれたということです。どれだけお金をかけてもイライラしなくなりました。

「もったいない」と感じている裏側では、できている人を羨む気持ちがありました。「あの人は豊かそうに暮らしているのに、なぜ自分はそれをできないのか」としばしば思っていたのです。**しかし今は、自分自身にも同等の価値を認めているので、ほかの人が気になりません。**

ムダは大いにカットしたほうがいいでしょう。ただし、自分にとって価値のあることまでは節約せず、自分の価値をわざわざ貶めるようなことはしなくてもいいのです。

大事なのは、それが自分にとってお金をかけてもいいことなのか、ダメなことなのか見極めること。その基準がよくわからない人は、自分にとってそれは投資なのか消費なのかの視点で考えるといいでしょう。

投資とは、未来にわたり価値があるもの。または、将来的に価値があるものへお金を使うこと。

消費とは、その場のために使い、その後の価値を生まないお金の使い方です。

ここで言う価値とは、自分にとって価値があると思えるものです。誰かにとっての価値ではなく、自分にとって価値のあるものにお金を使いましょう。

5 映画がつまらなかったら映画館を出る

私はアメリカに住んでいたころ、なぜか自分に年間70本の映画を観るということを課していて、実際に70回前後は映画館に通っていました。

当時、アメリカの映画料金は1本が7ドル程度だったので、費用的にはそれほど負担ではなかったのですが、70回通うのはそれなりに大変でした。

それだけの数の映画を観ていると、自分の好みではない映画に当たることもよくありました。**そこで、当時から自分に言い聞かせていたことは、「つまらないと思ったら、我慢せず映画館を出る」でした。**

このマイルールがあったからこそ、イライラせずに映画鑑賞できましたし、年間70回も映画館に足を運べたのだと思います。

「もったいないと思ってはいけないし、最後まで我慢していれば面白くなるかもしれないと思ってもいけない」とも言い聞かせていました。

日本の場合、2~3時間程度の映画を1本観るのに、大人であれば１８００円かかります。１８００円をもったいないと思う人はいても、２時間をもったいないと思う感覚を持つ人は少ないかもしれません。

しかし、はたしてどちらのほうがもったいないでしょうか。間違いなく、お金よりも時間のほうが、じつははるかに価値があります。一度支払ったお金は戻ってきませんが、映画の途中で映画館を出れば、それからあとの時間は自由に使うことができます。

映画は「いったん席に座ったら最後まで観るもの」という考えが、私たちにはなんとなくあると思います。逆に「途中から観るものではない」というのも、同じようにあります。

「なんとなくそう思っている人は多い」というこのルール。しかし、誰が決めたわけでもないですし、実際にそんなルールはこの世に存在しません。

私たちは、映画館に自由に出入りすることができます。出たいと思ったら、いつでも出ればよいのです。

6 コスパを考えない

私は「もったいない」は、ムダにイライラをつのらせる大きな原因になると考えています。

だからといって、ムダづかいが美しく、どんどんムダづかいしようということではありません。ただ、何に対してもったいないと思うかは、よく考える必要があると思うのです。

前項でも書きましたが、単純にお金だけの問題ではありません。

たとえば、遊園地にも入園料があります。もし、それが開園時間の10時から閉園時間の20時までの料金だとしても、目一杯その全時間帯にいなければもったいないとは、あまり思わないのではないでしょうか。

レストランも同じです。レストランの料金は料理の値段と思っている人も多いでしょうが、実際は時間に換算することもできます。

たとえば、高級レストランであれば、10分いると1000円くらいの料金がかかる計算になっています。

だから、2時間かけてコース料理を食べれば、1万2000円くらいが一つの目安です。

費用対効果という言葉があります。使った費用に対して、どれくらいの成果、満足度を得るかです。コストパフォーマンス（コスパ）と言ったりもします。

私は、どうもコスパで物事を考えることは、イライラを生む原因ではないかと考えています。

費用対効果で考えるのではなく、時間対効果で考えたほうが、よりその場を楽しむことができるのではないかと考えています。

7 セールでモノを買わない

あなたも、セールでモノを買った経験は一度ならず、もしかしたら何度もあるかもしれません。セールをすれば人がモノを買う。だからお店もセールをします。

しかし、春物セール、夏物セール、秋物セール、冬物セールから、オープンセール、決算セールと、じつはセールは年中おこなわれています。

では、なぜ人はセールでモノを買ってしまうのでしょう。安いからでしょうか、それともお得だからでしょうか。

「セールだから買った」モノは、はっきり言えば本当のところは欲しくなかったものです。本当に欲しいものであれば、セールであろうがなかろうが、そんなこととは関係なく買います。

つまり「セールだから」で買ったものは、しょせん値段だけが理由で買ったものなのです。欲しかったわけでも、気に入ったわけでもないので、あまり着たり使ったりすることはありません。

しまいには「何でこんなモノ買っちゃったんだろう」と後悔します。そして、その後悔がイライラを生みます。あなたにもそんな覚えはないでしょうか？

また、セールで買わないほうがいい理由はほかにもあります。

セール中は、少しでも得な買い物をしようと殺気だった人たちで、お店があふれかえっています。**そんな中にいるだけで、セール品を前に不要なイライラを買うことになるでしょう。**そんな場所には近寄らないに限ります。

さらに、この値段で買えると期待していたのに「売り切れだった」「自分に合うサイズがなかった」あるいは「欲しいと思ったモノがセール対象外だった」と裏切られるのも、セールでのあるあるです。

そんなことで、いちいちムダにイライラする必要はありません。

8 本当に欲しいモノは定価で買う

あなたはモノを買ったあとで、自分の判断が正しかったか、ネットを探してレビューを見たりすることはないでしょうか？

あるいは、自分が買った値段が最安値だったかと、価格比較サイトを見回ったりしたことはないでしょうか？

そういうことをする人は、ネットでの評判が悪かったり、ほかに安く売っているところを見つけたりすると、「あー、失敗した！」と後悔したこともあると思います。

こうした心理は認知的不協和として知られています。自分の選択は正しかったと確認するために、「自分がこれを買った判断は正しかった」ということを後押ししてくれる情報をネットなどで探し続けるのです。

しかし、本当に自分の価値観で判断できる人は、定価でモノを買っても後悔することがありません。また、誰がどのようなことを言っていても、それによって自分の判断が間違っていたと思うようなこともないのです。

あなたがセールやアウトレットなどで、「安いから」というだけでモノを買うのは、本当は欲しくもないモノに対して、気持ちを踊らされて買わされているということです。

言い方を変えれば、「あなたはこういうふうに少し値段を下げるだけで買うんですよね？」と、相手に心を見透かされ、コントロールされているのと同じことです。これでイライラしないはずがありません。

先のチャプターでも指摘しましたが、人は誰かの言動によって自分の気持ちが揺れると、イライラしやすくなります。**セールもアウトレットもそうですが、安売りはあなたの気持ちをざわつかせる誰かの言動なのです。**

本当に欲しいと思っているモノは定価で買いましょう。定価では買いたくないと少しでも思ったら、それはあなたが本当は欲しくないと思っている証拠です。

9 最高の復讐と思って、健やかに生きる

お金って、いったい何なのでしょう?

やりたいことを実現するためのツールでしかないのに、多くの人が人生を振り回されています。

私もお金に対しては複雑な思いを抱いてきました。子どものころ、父がよく「お金がない」と言っていました。両親ともに公務員だったので、大金持ちとは言えなくても貧しかったわけではないと思います。それなのに、いつも父は口癖のように「お金がない」と言い、それが両親の夫婦ゲンカの原因になっていました。

それ以来、私は「お金が欲しい」という気持ちと、一方で「お金に支配されない人生を

実現したい」という思いを、強く抱えるようになったのです。

お金に対し、憎しみに近い感情を持ったまま就職したころの私の年収は240万円。月の手取りは16万5000円。家賃5万1000円のアパートに住み、毎晩650円の野菜炒め定食か、750円の肉野菜炒め定食にするか真剣に悩むような生活をしていました。

こうなると、ますますお金に対して負の感情を持つようになります。

その後、自分で事業を始めたことで状況は好転し、今では多少お金を持つようになりました。でも、お金に対して当時抱いていた心配と、今現在のそれが違うかというと、ほとんど変わりません。将来、自分は大丈夫だろうかと相変わらず思っています。

今でも、心の中では「何でこの人、こんないい車に乗っているんだろう?」「何で自分は彼よりいい家に住めないんだ!」など、嫉妬(しっと)やくやしい思いが渦(うず)を巻くことはあります。

他人と比較し始めると、本当に苦しくなりますよね。

そんなとき、思い出す言葉があります。

"Living well is the best revenge."

「健やかに生きることが最高の復讐」という意味で、私の座右の銘でもあります。

裕福な家に生まれるなど、お金に苦労したことがないような人には、未だにイラッとすることがあります。ですが、お金は稼いだ上で、「人生はお金じゃない」と言えるほうが健全ですし、そう思うことが大事だと考えています。

10 お金の苦労を突き動かすエネルギーに変換する

大学時代、私は彼女の何気ない「彼氏には車を持っていてほしい」という言葉に、嫌悪感を覚えたことがあります。お金のある生活に自分自身も憧れていたけれど、好きな女の子とは「お金がなくても幸せ」になれると思いたかったのです。

今でも、私は『週刊東洋経済』の《上場企業の平均年収ランキング》を見て、「こんなにもらっているのか」とイラッとくるし、TBS系の『情熱大陸』に登場する人を、嫉妬と羨望の眼差しで見てしまうことがあります。

しかし、今の自分に満足している人なんて、世の中にどれくらいいるでしょうか？

自分はやれるという自負心と、思うようにならない現実のはざまで、毎日一生懸命に何かを成しとげようともがいている……そういう人がほとんどだと思います。

日本人はお金について語ることを避ける傾向があります。しかし、人生にはお金は欠かせません。

では、お金に苦労したくなかったら？

稼ぐしかありません。

解決法は、じつにシンプルなことなのです。

お金に苦労した分、その怒りや憎しみを、絶対に見返してやるという気持ちで、どんどんやりたいことをやって稼ぐ。そうすることで、お金に向き合っていけるようになります。

怒りの感情は何かを壊すのも得意ですが、一方で自分を突き動かすエネルギーとして活用すれば、何かを生み出す大きな力になります。

アスリートの世界でも、負けたくやしさや怒りをバネにして練習に励み、その後のキャリアで大活躍することが多々あります。

怒りの感情はどうやっても取り除くことはできません。であれば、それを前向きに使えるようになったほうがいいのは明白です。

11

ジムではパーソナルトレーナーをつける

続けることが難しいものは世の中にたくさんありますが、その代表的なものの一つがトレーニングジムでしょう。入会無料キャンペーンのたびに入会しては、数ヵ月で退会し、また次の入会無料キャンペーンを待っている人も多いと思います。

ジム通いを続けることが難しい理由として、いちばん大きなものはモチベーションが上がらなくなるからだと思いますが、ではそうなってしまうのは、どうしてでしょう？

それは、何をどこまで、どのようにすればいいのかわからないために、自分でもジムに行っていることに意味があるのかどうか、よくわからなくなってしまうからではないでしょうか。

私も若いころは、入会無料キャンペーンでジムに入ったものの、あまり長続きしませんでした。たまに通っては、なんとなく「よくわからないなあ」と感じ始め、「これをやることで、いったい何になるんだろう？」という感想とともに、結局フェードアウトしてしまうことが何度かありました。

しかし、パーソナルトレーナーをつけるようになった今となっては、なぜ自分がジムに通うのか、何をどうすればよいのか、目標と手段が明確に定まりました。それ以降、ジムに通うことが億劫（おっくう）ではなくなり、積極的に通いたいと意識が変わったのです。

パーソナルトレーナーをつけたほうがいいとわかっていながらも、なんとなくハードルが高いように感じて頼めないという人は、考え方を改めましょう。ジムに行くなら、パーソナルトレーナーはつけたほうがいいです。それこそ、自分への投資になります。

パーソナルトレーナーはプロです。プロに費用を払って対価を得るという感覚を身につけましょう。

この感覚を持つことで、人生で成功するための近道ができるようになります。モヤモヤしながら試行錯誤（しこうさくご）し、イライラをつのらせるような悪習をなくすこともできるのです。

12 プロにお金を払うことを意識する

ムダにイライラしない人は、さくっとお金を払ってプロに任せるという習慣があります。「餅(もち)は餅屋」をよく理解しているのです。

しかし、改めて考えてみてください。私たちは普段、プロに間近で接する機会を数多く持ちながら、じつはプロに接するという目線でそれらを体験していないのです。それこそ本当にもったいないことです。

前項ではジムのパーソナルトレーナーをあげましたが、もちろんそれに限りません。美容室に行けばプロの美容師がいますし、レストランに行けばプロの料理人がいます。多くの人が意識していないだけなのです。

もちろん一口にプロと言ってもレベルに差はあるでしょう。それでも素人の私たちよりははるかにその分野で多くの知見を持ち、経験値を有しているのは間違いありません。

こうした人たちの力を、普段から積極的に使う習慣を持つことが大事です。「自分にはまだ早い」とか、自分には分不相応であると、意味不明な謙遜(けんそん)をする必要はまったくありません。

また「お金がもったいない」という判断は不要です。むしろ、そこをケチって安物買いの銭失いになることこそ、イライラをつのらせる考え方であり、悪い習慣です。

身近にプロがいるなら、対価を支払って、サービスを受けましょう。積極的にプロに頼りましょう。

「庶民だからできない」「一般人には無理」などと思う必要はありません。もうすでに私たちは、プロのサービスを繰り返し受けています。プロにお金を支払っているという視点が抜けているから、そう思ってしまうのです。その考え方は、むしろプロに対して失礼な態度です。

プロは対価以上の仕事を提供しようと尽力し、私たちはプロにお金を支払っているという感覚を持つこと。それが健全なやり取りですし、お互いに甘えのない関係が作れることになるのです。

Chapter 6

人生でイライラしないアンガーマネジメント

Life

1 自分の人生は自分で決める

はっきり言ってしまうと、親が生きてきた経験は、子の世代ではあまり役に立たないことがほとんどです。

今から10年前に、日本の国策企業と言われたような企業が倒産危機にあると予想できた人が、はたしてどれほどいたでしょうか。どんな大企業でも、10年先の安泰が保証されていない時代なのです。

じつは私も、両親からいい大学に入り、安定した企業に勤めることが人生の選択だと言われ続けてきました。私は、その価値観に従わなければと思いつつ、自分の人生は自分で決めたいという気持ちも強かったので、非常に悩みました。

最終的に私は独立し、起業するという道を選択しましたが、その決断を後押ししたのは海外で出会った人たちの言葉でした。

「何で、そんなことを悩んでるんだ？　自分の人生は自分で決めるものだよ」

私が二十数年前、大企業に入社していたら、親はとても喜んだと思います。しかし今では、どれほどの大企業でも、倒産したり、買収されたりすることが頻繁に起きています。あまりにも時代が変化してしまっているのです。

大企業に入社すれば定年まで何の心配もないはずが、そううまくはいかない現実。つまり「大企業に就職するべき」という昔の価値観は、今や役に立たなくなっているのです。結局、自分の人生は自分で決めていくしかないのです。

自分の人生を生きることは、自分で責任を取ること。苦しいことにも直面しますが、そこから目をそむけることはできないし、誰かに責任を取ってもらうこともできないのです。それが本当の自由な人生を生きることです。

2 「逃げるが勝ち」と心得る

少し前のことですが、新聞に投稿された、とある詩が目に留まりました。

その「逃げ」というタイトルの詩は、人間以外の生き物は逃げないと生きていけないのに、なぜ人間だけは逃げてはいけないという答えにたどりついたのか、という内容でした。13歳の中学生が書いたその詩に、とてもドキリとさせられました。

たしかに、動物の行動原理は生き延びることです。目の前に脅威が迫れば、戦うか逃げるかを考えます。ただし、その脅威が圧倒的なものならば、躊躇なく逃げるという選択をします。それが生き物として当たり前のことです。

ところが人間の世界では、なぜか「逃げたら卑怯（ひきょう）」「逃げたら負け」と言われ、逃げることを許さない空気があります。改めて考えると、詩の作者と同じように「なぜ人間だけ？」と思いたくなります。

結論から言うと、私はいたくない場所に無理している必要はない、逃げていいのだと考えています。

アンガーマネジメントでは、その場から離れることを退却戦略として教えています。実際、アメリカでアンガーマネジメントを学ぶとき、最初に「RUN！（逃げろ！）」と習います。

その場にいてトラブルに巻き込まれるくらいなら、さっさとその場から離れろです。また「君子危うきに近寄らず」ということわざもあります。

ところが、なぜか日本人は、その場から逃げることを卑怯な行為ととらえる傾向にあるようです。

「逃げない」「逃げられない」人には、いろいろな理由、さまざまな状況もあると思います。しかし、どんな理由より生き延びることのほうが大切です。

真に大切なもの、守るべきもののためなら、他人からの評判など気にせず、逃げましょう。逃げることで自分や大切なものが守れるなら、逃げることに躊躇は無用です。

3 ストイックを目指さない

自分に対してストイックなのは、一般的にはいいことだと思われがちです。しかしストイックな人も、じつはイライラしやすい人なのです。ストイックな人は、完璧主義的であるケースが多いのですが、この完璧主義は、怒りの感情を生みやすい考え方の癖の一つです。

ストイックとは、自分に対するルールが厳しい、たくさんあるということです。今はいろいろな意味で非常に誘惑の多い世界です。現代は情報にあふれていますが、情報が多いということは誘惑が多いということです。

普段の生活を送っているだけでも、そのルールを破ってしまうタイミングはいっぱいあります。

たとえば、毎朝ジョギングを欠かさないと決めていても、大雨が降って行けなかったとか、間食をしないと決めていても、訪問先ですすめられて断れなかったとか、ちょっとした空き時間にSNSをしたり、ネットでニュースを見たりしていて、あっという間に時間が経ってしまい、やろうとしていたのにできなかったということはよくあります。

その都度、自分に対してイライラしていると、身体の不調や心の病を引き起こす原因にもなりかねません。

ひたむきに生きた結果、他人からストイックだと見られるのはよいのですが、ストイックを目的にしてしまうと、生きるのがつらくなってしまうだけです。ほどほどの着地点で折り合いをつけられるとよいですよね。

4 中庸(ちゅうよう)の生き方を気長に目指す

ストイックに生きるのはよくないと書きましたが、もちろん「だらしなくても仕方ないですね」と、開き直るのをすすめているわけではありません。

「中庸」という言葉があります。

『論語』に「中庸の徳たる、其(そ)れ到(いた)れるかな」とあり、これは「適度にバランスよく行動できる人が最高に徳のある人物である」という意味です。

古代中国、孔子(こうし)の時代から、バランス感覚の優れた人が最高だとされていたのは興味深いです。現代に生きる私たちも、この過不足のない中庸な生き方を目指したいところです。

しかし、多くの人がだらしなくなるか、むやみにストイックになるかのどちらかに振れているのではないでしょうか。

中庸を目指すために必要なことは、つねに「主観」「客観」「事実」の三つの視点を持つことです。複数の視点を持つことで、自分の意見だけでなく、さまざまな価値観に耳を傾け、物事を俯瞰（ふかん）して見つめることができます。

物事を一面的にしか見られないと頑なになりがちですが、多面的に見ることができるようになると、態度も柔軟になり、それに応じた行動を取ることもできます。なんとしても、自分のルールを通すことが重要でなくなってくるのです。

ただ、わかってはいても、そのようになるのは大変そうです。では、どうすればいいのでしょうか？

じつは、先ほどの論語の一節には続きがあります。

「中庸の徳たる、其れ到れるかな。民鮮（すくな）きこと久し」

つまり「適度にバランスよく行動できる人が最高に徳のある人物である。しかし、最近そのような人物は少なくなった」というのです。

古代でも現代でも、中庸でいることには修行がいるようです。すぐにできなくても焦ることなく、イライラせずに気長に自分の感情とつき合っていきましょう。

5 自分の小さな成功を認めている

自己肯定感の高い人は、どこにいても、何をしていても、それが下がることはありません。誰にもできない特別なことはしなくても、誰にでもできることを自分なりに突き詰めていくことで、自分自身を認めることができているのです。

ここで言っている自己肯定感には、じつは二つの種類があります。相対的自己肯定感と絶対的自己肯定感です。

相対的自己肯定感とは、誰かと比較する中で培われるもの。たとえば、誰々より学歴が高い、仕事ができるといったものです。

一方で絶対的自己肯定感とは、誰かと比べて何がどのくらいできたかということではありません。自分は今のままで受け入れられている、大丈夫だと思うことです。

怒りの感情のコントロールに必要なのは、絶対的自己肯定感です。相対的自己肯定感は自分以外の誰かとの比較なので、誰かと比較して劣っていると思えば下がってしまうからです。

それでは、絶対的自己肯定感を高めるためにはどうすればいいのかと言うと、自分ができたことを毎日、自分で確認していくことです。

できたことは、どんなに些細なことでも結構です。朝起きられたとか、仕事に行けたとか、誰もが「そんなの当たり前だよ」と思えるようなことで構わないので、自分はできているということを毎日、自分で確認することです。

アンガーマネジメントにはサクセスログといって、小さな成功を記録していくテクニックがあります。毎日、私たちがこうして生きているということは、小さな成功の積み重ねなのです。

しかし、多くの人は「それくらいのことはできて当たり前」と、自分自身を否定しながら生きています。そうしている限り、絶対的自己肯定感が高まることはありません。

あなたが生きているのは、小さな成功を積み重ねているからです。そのことを今日から毎日、確認していってください。

6 一発逆転よりもマージナル・ゲインを選ぶ

あなたはこれまでの人生で、一発逆転した経験はあるでしょうか？

もしくは、これからの人生で、一発逆転はあると思いますか？

前者はともかく、後者で「ＹＥＳ」と答えた人は危険かもしれません。

「人生とはギャンブルのようなものだ」という話を聞くことがあります。

人はギャンブルにおいて、勝っているときはリスクを取らず、負けが込んでくると一発逆転を狙いたくなり、大きなリスクを取りたくなる傾向にあるそうです。これは投資の世界でも同じようなことが言えるでしょう。

たしかに、勝負ごとに関しては、勝っているときには気持ちは穏やかですが、負けてくると焦ったり、イライラしたりします。その焦りやイライラから正常な判断ができず、つい一発逆転を狙いたい心理になるのです。

ムダにイライラしない人は、一発逆転を狙う習慣がありません。イギリス「タイムズ」紙の一級コラムニストであるマシュー・サイド氏の『失敗の科学』（ディスカヴァー・トゥエンティワン）から言葉を借りれば、一発逆転ではなくマージナル・ゲイン（小さな改善）を狙うのです。

マージナル・ゲインとは、大きなゴールを小さく分解し、一つひとつ改善して積み重ねていけば大きく前進できるという考え方です。前項でもアンガーマネジメントにおけるサクセスログの大切さを書きましたが、小さな成功を積み重ねていくことが本当に大事なのです。

小さな改善の積み重ねは、途方もない努力の積み重ねです。はじめのうちは問題の多さや細かく分析することに対して、逆にイライラすることが多くなるかもしれません。

ですが、それを愚直にやり続けることで、じつはリスクを取ることなく大きな成果を上げることができるのです。

7 いきなり大きな目標を目指さない

イライラしない人は、小さな改善、ささやかな努力をすることを惜しみません。そうした改善や努力を積み重ねることで、結果的に自分がイライラしなくなることを知っているからです。

先述した『失敗の科学』の中では、イギリスの自転車チームが、世界最高峰のロードレース《ツール・ド・フランス》で勝つために、選手専用の枕やマットレスを導入したこと、ユニフォームを洗濯する洗剤を肌に優しいものに変えて、快適感をアップさせたことなどがあげられています。

どれも、自転車競技そのものにはあまり関係ない改善だと思いますが、その積み重ねが目標達成に至ったのです。イギリスは「5年以内の総合優勝」を目標としていましたが、それより2年も早い段階での目標達成でした。日本のことわざの「急がば回れ」を体現した例と言えるでしょう。
しかも、イギリス人選手はそれまで、ツール・ド・フランスで総合優勝を果たしたことがなかったにもかかわらずの偉業でした。

ムダにイライラしてしまう人は、大きなゴールに目を向ける割には、普段からの小さな改善、努力、工夫を積み重ねません。たとえば「もう怒らない人になる!」という大きな目標を掲げたら、その目標に向けての一つひとつのステップが雑なのです。
結局、目標達成できないまま立ち消えになるか、よくて持ち越しとなって、ますます時間を浪費してしまいます。

アンガーマネジメントは技術であり、トレーニングです。小さな努力、改善、工夫を積み重ねることで、大きく前進することができます。じつはスポーツチームを強くするのと同じ方法論なのです。

8 5年後の努力を信じる

努力はしているのに、なかなか成果が出ない、成功しないと嘆く人は少なくありません。しかし私は、今活躍している人とは、今だけではなく5年前にがんばっていた人だと思うのです。これは、今までの人生を振り返ってみるとわかります。

たとえば、小学校高学年から中学時代に努力を重ねると、目標の高校に入れます。しかし、せっかく入っても、そこで努力しないと目標の大学には入れません。高校受験のときから、大学受験を見据えてがんばっていると、目標の大学には入れますが、そこでホッとして大学時代に遊んでいると、目指す会社に就職できないことになります。

受験が終わり就職したら、それで終わりかというとそうではありません。自分では努力しているつもりでも、会社から与えられた範囲内での努力しかしていないと、5年後には転職もできないような人材になっています。自分に30歳になるまで、ほかの会社でも通用するような付加価値をつけないと、どうにもならなくなるのが現実なのです。

努力はすぐに実りません。努力の結果が目に見える成果になるのに、私は5年くらいかかると思っています。

私は今、49歳。つまり、44歳のときの努力が、今の私を支えているのです。手を抜きたいと思うときもありますが、経験上、今手を抜くと5年後の自分が苦労するのがわかっているので、なかなか手を抜けません。

今、自分が懸命にやっている努力がこの先、実るかどうかは誰にもわかりません。努力は5年後の自分への投資と思えば、努力が報われるか報われないかなんて、今考えても意味がありません。

私たちが今すべきことは、やっていることが近道になっているかどうかを考えることではなく、自分がやっていることが正しいと信じることです。

確実なのは、今何もしないと、5年後にその報いがやってくることです。

現状維持は狙ってもできることではありません。努力した結果として現状を維持することはできても、同じことを機械的に繰り返すだけでは現状維持は不可能です。ルーチンな毎日で満足していると5年後、とても苦しい状態になっている可能性があります。

努力は5年後に実る。手抜きも5年後に報いが来る。成果が出ている人といない人、じつは5年前からから差がついているのかもしれません。

9 オンリーワンにならなくてもいい

「何か他人とはまったく別の何かになりたい」「唯一無二の存在になりたい」「ほかの人がやったことがないことで成功したい」「何もないところから自分の手で何かを生み出したい」……。こういう願望を持ったことがある人は少なくないと思います。

私もその一人で、過去にはオンリーワンの事業を組み立てようと、いろいろ考えたことがあります。しかし、それを考えるうち、オンリーワン、つまり唯一のものは、基本的には社会に需要がないものとイコールではないのかと気づきました。実際に今の世の中で「誰も考えたことがない新しいもの」が、どれくらいあるでしょうか。

誰もそれをやっていないのは、やる価値がないからかもしれません。「誰もやったことがないことをやる人は偉い」と思いがちですが、一概にそうとは言えないでしょう。

私は、オンリーワンという難しいものをあえて目指すより、今いる場所で頑張ること、今やっていることで成功するほうが価値はあるように考えています。

「オンリーワンになろう！」と、他人とは違う、特別なことをやらなければいけないと感じる気持ちの裏側には、自己肯定感の低さが表れています。今自分がいる場所や今自分がしていることに満足できていないと、人とは違うものを求めたくなってしまうのです。

自己肯定感が低いと周囲の声を気にし過ぎて、些細なことで自分を責めたり、逆に他人の気持ちをコントロールしようとしたりして、人生が空回りしがちです。その結果、他人と比較されない誰もいない場所＝オンリーワンを探し求めてしまいます。

その気持ちは理解できますが、かえってそれはとても険しい道程になるでしょう。そういう人が唯一無二の仕事、存在を求めても誰にも評価されず、結局ますます自己肯定感を下げてしまう可能性も大いにあるからです。

今いる場所で、今やっていることを一生懸命やる。オンリーワンを目指すのではなく、今の自分にＯＫを出せる生き方を探すほうが、納得できる結果にたどり着けます。変わったことをすること、人と違うことをすることが幸せにつながるわけではないのです。

10 きちんと自分の努力を評価する

自己肯定感の一般的な定義としては、「自分のことを大切に思えること」「自分はかけがえのない存在だと思えること」といったものです。

しかし、それでは今一つピンと来ません。つまり、どうすれば自己肯定感を上げることができるのか、よくわからないのです。そこで、こんな現象が起きてしまいます。

あなたの周りにもいないでしょうか。頭脳明晰(ずのうめいせき)で仕事もできて異性にもモテるのに、なぜか自信がない人が。こういう人は、つねに自分よりも優れた人、できる人と比べ続けているので、自分に自信が持てないのです。

このチャプターでも書きましたが、相対的自己肯定感とは、他人と比べる中で身につくものです。子どものころであれば、誰々君よりもかけっこが速い、勉強ができる、女の子に人気があるなどといったものでしょう。

つまり、他人との比較において、自分が優れているということを確認し、自信を持つのです。ですから、いくら相対的自己肯定感が高くても、自分より優れている人を見たときに、その肯定感は砕かれてしまいます。自信を持ち続けることが難しいのです。

一方で絶対的自己肯定感とは、自分が受け入れられた、自分が認められたという体験を通じて育まれます。大切に扱われた、愛されていると実感したことで自信を持てるようになるのです。

絶対的自己肯定感を高める方法は、このチャプターでも書きましたが、じつはもう一つあります。それは他人との比較を一切やめることです。

人と比べて優れているかどうかはどうでもよく、自分が今やっていることに全力で取り組んでいるなら、それだけで十分です。結果が出ていなくても問題ありません。今、自分が選んだ道で、きちんと努力ができているという実感を持てるようになれば、自分を受け入れ、自分が大好きでいられるようになります。

どの川で泳いだかよりも、そこでどう泳いだかに目を向けましょう。それが評価できるようになると、絶対的自己肯定感を高めることができるのです。

11 環境の変化に逆らわない

なぜ私が繰り返し、環境の変化を楽しみましょう、慣れましょうと言うのか。それはこの世の中に変わらないものなど何一つないからです。

もし、世の中の環境が一切変わらず、今と同じことをし続けていてもストレスなく生きていけるのであれば、それで構いません。ですが、現実はそうはなっていません。

『平家物語』の冒頭も「祇園精舎の鐘の声、諸行無常の響きあり……」と始まります。諸行無常というのは、あらゆるものは刹那のあいだにも変化を繰り返しているという意味です。

その当時より、世の中というのは変化するものと考えられています。

環境はつねに変化していきます。しかも近年では、そのスピードが速まっているのです。

つまり、変わらないことを前提に生きるよりも、変わることを前提に生きていったほうが現実に即しているのです。また、そう思っていたほうが、心にゆとりを持つことができます。

変わることに慣れていない人は、少しの環境変化にもストレスを感じ、そこで余計にイライラする傾向にあります。当然ですが世界のすべてを、自分でコントロールすることなどできません。

アンガーマネジメントでは、変えられないことを変えようとすれば、ムダにイライラすると考えています。世界を自分の都合のよいように変えたり、形を留めようとしたりすることは、まさに変えられないことを変えようとすることなのです。

自発的に新しいものを生活にどんどん取り入れましょう。

毎日の変化をちょっとしたことで楽しめるようになれば、不要なイライラを抱えることはなくなります。

12 信号で走らない、駆け込み乗車をしない

ずばり言いますが、信号で走らない人は、イライラしない習慣の持ち主です。

青信号が点滅している横断歩道を走って渡ったり、エスカレーターを駆け上がったり、閉まりかけている電車のドアに滑り込む人がたくさんいます。

おそらく、間に合ったことで「時間が節約できて嬉しい！」と実感している人はあまりいないでしょう。むしろ、無意識にそういう行動をしているのではないでしょうか？

何気ない日常の一コマですが、これを別の視点から見ると、私たちが信号や電車に自分の時間を合わせてしまっている、コントロールされていると言い換えられます。

間に合って渡れたり、乗れたりすれば、まだいいかもしれません。しかし、大急ぎで走ったのにもかかわらず、目の前で信号が赤になったり、扉がピシャリと閉まってしまった

らムカッときます。

これは他人に自分の時間を、無自覚にコントロールされていることに対する腹立たしさ、とも言うことができるでしょう。

私はこの「信号を急いで渡る」「駆け込み乗車をする」といった行為は、自分の時間をコントロールできていない象徴的な行動だと考えています。信号のタイミングに、または電車の発車時刻に振り回されているということなのです。

実際には急いでなくても、点滅する信号や発車ベル、あるいは周りの人の早足に影響されて、自分も釣られてしまっている状態です。つまり、単純に時間に余裕を持って行動すればいいというわけではありません。

目の前に点滅している信号があると駆け出したくなったり、閉まりそうなドアがあると飛び込みたくなったりするのは、焦らされて反射的に行動してしまっているのです。

信号1回、電車1本を逃したからといって、どれくらいのロスになるのでしょうか。冷静に考えれば、そんなに焦らなくていいとわかるはずです。

時間に追われない人は、誰かに焦らされたりしません。落ち着いて行動し、待つということに対しても、時間をムダにしているのではないかという、ムダな焦りや不安を感じないのです。自分の時計は自分で刻み、他人にコントロールさせません。

点滅する信号を前にして駆け出したくなったら、それは気づきのタイミングです。

- 本当に走らなくてはいけないのか？
- 気持ちの余裕をなくしていないか？
- みんながそうしているから、自分も何となくと思っていないか？
- 自分の時間を自分でコントロールできているか？

癖を変えることは難しいですが、次に信号が点滅している場面に遭遇（そうぐう）したら、周りの人たちが走っていたとしても、走らず立ち止まってみましょう。今までとは違った風景が見えるでしょう。

Chapter 7

社会にイライラしないアンガーマネジメント

Society

1 事実と思い込みを切り離す

日々、私たちが受け取っているニュースには、事実と思い込みが混在しています。事実と思い込みの切り分けとは、思い込みに振り回されず、事実のみを見つめましょうということですが、これが意外に難しいのです。

事実と思い込みの分離は、考えをまとめるのに非常に重要です。事実だけを見つめることができれば、必要以上にイライラすることはなくなります。

しかし、思い込みで考えたり想像したりすると、イライラは思いのほか大きくなります。なぜなら、私たちは自分の考えが正しいと思い込みたいからです。そのため、自分に都合の悪いことは考えず、自分の考えを正当化する傾向にあります。

「安全だけど安心ではない」と言われた豊洲市場移転問題は、事実と思い込みの関係を説明する上で、とてもわかりやい事例です。

汚染された土地に建てられた豊洲新市場は、当初予定されていた盛り土はおこなわれていませんでした。しかし、専門家による科学的な分析の結果、市場として使う分には安全であるという報告がされました。これが事実です。

しかし、そうは言っても、あとから何か問題が起こるかもしれないし、東京都はまだ何かを隠しているかもしれないし、私たちは騙されているかもしれない……。だから安心できないという感情があります。これが思い込みです。


また、情報を発信するメディア側にいるのも人間です。単純な事実報道以外は、メディアの思い込みで脚色されています。さらに視聴者の側も、思い込みを持ってニュースを受け取っています。結果として思い込みが思い込みを呼び、事実からはかけ離れたことが事実のように語られ、決めつけられてしまうことがよく起こっているのです。

メディアが流すニュースは事実の断片に過ぎません。しかし、人はその断片に実際はありもしない悪意を感じたり、その裏側に何かあるのではないかと、あれこれ勘ぐったりしがちです。

そのため「思い込み」と「事実」の切り分けは、意識しておこなう必要があります。情報をただ無防備に受け取るのではなく、そこには「思い込み」と「事実」があると意識して、客観的に眺めるようにするのがその第一歩となるのです。

2 八つ当たりでヒマをつぶさない

ここのところ、世間が「こいつは叩いても構わない」と認定（？）した人を見つけると、マスメディアやネットを問わず、激しいバッシングがおこなわれています。

不倫した芸能人、失言した政治家、過失を犯した有名人に向けて罵ったり、嘲笑（あざわら）ったりして、必要以上に叩かれることが日常的に起こっています。

そんな騒動を見ていて私が思い出すのは、漫画家・西原理恵子（さいばらりえこ）さんの**「人のことを憎み始めたらヒマな証拠」**という言葉です。私は西原さんの大ファンですが、西原さんはこの言葉を、自戒のため心に刻んでいるそうです。

たしかに、いろんなことがうまくいっていない人は概してヒマです。一方、仕事でもプライベートでも充実している人は、忙しくて他人のことをあれこれ気にしません。つまり、バッシングが蔓延（まんえん）している世の中は、ヒマな人（＝人生がうまくいっていない人）が多いということなのでしょう。

さらに言うなら、そういう人は普段の生活の中で怒りを抱えているのですが、それに向き合うことができず、ここぞとばかりに怒りをぶつける対象を探しています。

怒りの性質の一つに「怒りは矛先を固定できない」があります。たとえば、会社で腹が立つことがあったら、それを家に持ち帰って家族に当たったりします。いわゆる八つ当たりですが、八つ当たりをしてしまう理由は「怒りは矛先を固定できない」からです。

ワイドショーなどで報じられるゴシップは、多くの人にとってはそれほどムキになって怒るようなことではないはずです。そこでイライラして怒ってしまうのは、怒りの矛先が固定できていないから。少なくとも今自分が向き合わなければいけない問題に向き合えているとは言えません。

誰か他人を叩きたくなる衝動は、自分の問題から目をそらしたいために無意識に生じているもの。誰かの人生を気にするよりも、自分の人生に集中しましょう。

3　わざわざ怒りの対象を探さない

昨今の風潮としてもう一つ気になるものがあります。それは、怒るための対象、叩くための対象を次々と見つけて、その時々の感情に左右されながら、バッシングをヒートアップさせていく傾向があることです。

たとえば、少し前のことですが、大企業の若い女性新入社員が、過労自殺してしまった事件がありました。事件が公になったときには「仕事のために死んではいけない」「そんな会社なんて辞めてしまえばよかったのに」と、多くの人が女性の側に立って企業を叩いていました。

しかし、その後、とある若い女優さんが、所属事務所や仕事内容に不満を持って引退を発表したときは、どうだったでしょうか。「受けた仕事を全うするのが社会人」「自分勝手で常識がない」という、真逆の世論になったのは記憶に新しいところです。

こういう世論を見ていると、いったい世間はどこに行きたいのだろうと思います。どちらに行きたいでもなく、ただ叩く対象を見つけたいだけなら、まったく生産的ではありませんし、何の説得力もありません。

怒る対象を探さないことはとても大事です。怒りの対象を探し続けている限り、私たちは自分の怒りと向き合うことができません。

もし、自分にはあまり関係ないことなのに、無性に腹が立つことがあったら、それは間違いなく自分自身の中に怒りの原因があります。自分の怒りと向き合わなければ、ずっとその怒りの問題で悩み、苦しむことになるでしょう。

自分の人生に関係ないことで怒りたくなったら、自分の人生の問題が山積している証拠と思って、自分に向かい合う時間を持つべきときです。

4 他人の意見に振り回されない手段を持つ

「自分が幸せかどうかは自分が決めるもの」とは言いつつ、なかなか他人の評価や視線から自由になるのは難しいですよね。

人から認められたいという気持ちと、嫌われたくないという気持ちは、人間の素直な本心だと思います。

どんな批判も受け止めて、成長の糧にすることができれば何の問題もありません。しかし、いったん他人の声を気にし始めると、どこまでの意見を気にすればいいのかキリがありません。

また、どの意見も建設的かというと、ネット時代の昨今ではそうではないことも多いでしょう。

他人の評価が自分を苦しくしているなと感じたときは、「気にしない練習」をすること

が必要です。

私自身が実践しているのが、他人の評価を一切見ない、気にしないことを徹底しています。たとえば、自分の著書のAmazonレビューも見ませんし、エゴサーチなんてまったくしません。

親しい人からの意見やアドバイスは受け止めて、自分なりに活かすようにしていますが、匿名の人の評価やコメント、意見は一切見ないようにしています。

じつは私は人一倍「気にしい」です。他人の意見やコメントを見てしまうと、すごく影響されてしまうのです。

それで、この一切見ないという方法を実践しています。独善的になる危険もありますが、その部分は親しい人たちの意見やアドバイスを受け入れることで補い、それよりも「自分の人生を他人に振り回されない」ことに重きを置いているのです。

5 ネットの口コミは一切見ない

私は自分への匿名の評価を受け取りませんが、もう一つ、他人がくだした評価も気にしません。どういうことかというと、自分がモノを買ったり、お店を予約したりするとき、口コミやレビューは一切見ないということです。

ページを開けば☆の数がわかってしまう飲食店サイトなどは、一斉メールで集まりのお知らせを受け取った際、ＵＲＬも送られてきて偶然に見てしまうことはあります。ただ、できるだけ見ないようにしていますし、仮に見ても気にしないようにしています。

ですから失敗するときもあります。とくに海外のホテルは超絶ハズレということもありました。

結構な往生をすることもありますが、それでも他人の意見ではなく、自ら体験して知れることは、自分の見る目を養うことにもつながります。それは、自分にとっては重要だと考えています。

飲食店だったら、実際に行って食べてみる。電化製品なら、量販店などに行って実際に触ってみる。その場で自分の感覚を信じて判断します。

たしかに、レビューを見て判断するのは楽です。自分が失敗する前に、誰かが失敗しているのを前もって知ることができれば、同じ過ちをせずに済みますし、何より時間とお金の節約になります。

しかし、他人の意見はどこまでいっても他人の意見です。他人の意見に振り回される状況はイライラの主原因の一つ。**他人のレビューに頼らず、手間を惜しまず実際の体験や感覚から判断することが、人の目を気にしなくなる練習になるのではないでしょうか。**

自分が選んだものが、いちばんよい選択だと思える。そう思えるようになることが、自分の人生を生きることだと思っています。

6 情報を取捨選択している

これまで、情報を得る手段といえば、新聞、雑誌、テレビ、Ｗｅｂといったメディアが主流でした。しかし最近は「ポスト・トゥルース」と言われ、真実よりも話題になること、目立つことなどが、あたかも真実のように報じられ、拡散していく時代になっています。

私は、そもそもメディアとは私たちを怒らせる対象を見つけてきて、それを叩くことでカタルシスを覚えるように差し向ける存在だと思っています。

「ルサンチマン」という言葉があります。ドイツの哲学者ニーチェが唱えた言葉で、強者に対する弱者の憎悪の感情が心の中で鬱屈している状態を言います。格差が目に見えて拡大している昨今、現代人も大きなルサンチマンを抱えていると言っていいでしょう。そして私たちは、いつもその気持ちを晴らしたいと思っているのです。

メディアは、その感情を利用してきます。いかにも注目を集めそうな悪役を目の前に連れてきて、「みんなで叩こう、気持ちいいよ」と煽る、いわばショーのような一面があることを、私たちは知っておく必要があります。芸能人の不倫など、自分にはまったく関係ないニュースを見て、イライラしたりムカついたりしたとき、「踊らされている自分」がいることに気がつけるかどうかがポイントです。

情報を発信する側のメディアも、作っているのは人間であり、報道も扱う人の思い込みによって脚色されていることを、このチャプターにも書きました。メディアは同じ事実を伝えているようでいて、じつはそうではないのです。

ですから、つねに特定のメディアの情報だけを信用して受け入れていると、無意識に思い込みに振り回されることになります。

また特定ではなくても、ただ目の前を流れている情報、テレビのスイッチを入れたらたまたまやっていたニュース番組、たまたま目に飛び込んできたポータルサイトのヘッドライン、SNSで友だちがシェアしていたキュレーションサイトなども、それらを正面から無意識に受け入れてしまうと、思い込みに振り回されることになりかねません。

まず私たちは、自分が普段どんなメディアから情報を受け取っているのかを意識し、特定のメディアからのみ情報収集しないように注意することが必要なのです。

7 多様なスタンスを受け入れられる

メディアには、それぞれのスタンスがあります。これまで日本の報道は、客観報道を基本として各社・各局横並びと言われてきましたが、とくにここ数年、その傾向が顕著に崩れているように見えます。

アメリカのメディアほど、政治的立場を明確にしているわけではありませんが、A新聞は右寄り、B新聞は左寄りなど、その傾向は一つの事件に対するさまざまな報道を読み比べてみれば、すぐにわかるはずです。

完璧に客観的で公平なメディアを見つけることは不可能です。特定のメディアを批判する意図はありませんが、それくらい事実を事実のまま伝えるというのは難しいことなのです。

私たちにできるのは、各メディアがどういう傾向にあり、どのような意図を持って報道しているのか見極めて、一つのメディアに依存せず、複数のメディアを使ってさまざまな角度から物事を見ていくことだけです。

たとえば政治ニュースなら、最低でも四つのソースが欲しいところ。保守系のA新聞を購読し、リベラルを標榜するB新聞にも目を通して、経済の観点から政治ニュースを論じるC局のニュース番組を見つつ、速報はネットでキャッチできるD通信社をチェックする、というような条件設定を自分なりに設けておくことが有効です。

バランスよく考えながら、ときには疑いながら、受け身でなく自分から積極的に情報を取りにいく態度で臨んでいくことです。今の情報化社会では、あっという間に思い込みに踊らされ、事実を見失い、誤った判断をしてしまう情報弱者になってしまいます。

「情報リテラシー」と言うと難しく聞こえるかもしれませんが、ようはいろいろな意見に耳を傾けて、さまざまな価値観の存在を認めるということです。普段から多様性を受け入れることで、イライラしない体質作りに取り組んでいきましょう。

8 ワイドショーを見ない

なぜ最近のテレビでは、連日のように芸能人や著名人が起こした不倫のニュースを取り上げるのでしょうか。答えはすごく簡単で、それに需要があるからです。

会ったこともない芸能人が誰と不倫しようと、自分の人生にはまったく関係ないように思えるのですが、なぜか人は関心を寄せてしまうのです。不倫でなくても、誰かに対するバッシングも、人の大いなる関心の的になります。

こうした現象を、脳科学者の中野信子（なかののぶこ）氏はシャーデンフロイデという言葉で説明しています。シャーデンフロイデとはドイツ語で、妬みの相手が失敗したときに感じる喜びの感情のこと、「他人の不幸は蜜（みつ）の味」「メシウマ」といったものです。

中野氏はバッシングすることで、脳は快感を得られるようにできていると言っています。人間社会は共同体ですが、その共同体を維持するために、人は共同体から外れる人間を排除することで生き残ってきたという歴史と関係があるそうです。

シャーデンフロイデは、はっきり言えば美しいとは言えない感情ですし、このような感情はないほうが平和的にいられます。怒りの感情にしたって、人を殺めてしまいたいほどの強い感情は高度に発展した現代社会では不要に思えます。

しかし現実、私たちは手に持て余すような感情を持ち続けています。

脳は人をバッシングすることで快感を得られるようになっていると言いますが、だからといってその快楽におぼれていていいということにはならないでしょう。怒りの感情と上手につき合うという視点からすれば、悪い習慣にほかなりません。

また、そんなことに自分の大切な時間を費やすべきでもないでしょう。

そもそも人をバッシングして快楽を得ようと思わなければ、ムダにイライラすることもないはずです。つまりそう考えれば、**テレビのワイドショーなどは人をバッシングすることで快楽を提供しようとしているもの**なのです。

このような「安易に快楽を得られるものに近寄らない」という選択をすることは、長期的に健康でいるためにとても大切な選択です。

9 スマホを1時間触らない

あなたには何か依存しているものがあるでしょうか？

こう聞かれて、とくに思い当たる節がない人もいるかもしれません。ところが、依存には軽度なものから重度なものまで多様にあります。じつは私たちは多くのものに依存しているのです。

現代人の多くが依存しているものの最たる例がスマホでしょう。何をするにしても、どこに行くにしても、スマホを持ち歩いているのではないでしょうか。もはや笑い話ですが、極端なケースでは、スマホの充電が切れないように、コンセントの近くから離れられないという人もいるくらいです。

依存は、イライラを生みやすい性質を持っています。依存というのは、それがないとダメという状態です。そこまでいかずとも、なんとなく心配、手持ち無沙汰、心もとない、居心地が悪いと感じる状態です。

イライラしない習慣力のある人は、依存がメンタルを整える上で、大きな邪魔になることを理解しています。自分から積極的に依存を手放そうと心がけているのです。

たとえば、スマホに依存していると感じたら、朝はスマホを持たずに外出するといった行動を取るのです。こうすれば1日中スマホに依存することがなくなります。モノに依存しがちな人にはおすすめです。

いきなり1日が難しいようであれば、はじめはスマホを1時間持たないところから始めて、徐々に時間を延ばしていくという工夫を試みてはどうでしょうか。

ここで大事なのは、自分が何に依存しているのか自覚し、その自覚を持った上で依存から自立する努力をすることです。

自立できずに何かに振り回されている人は、そもそも自分がモノに依存しているということに無自覚です。あるいは、なんとなく自覚はできたとしても、そこから逃れる術を知らないため努力ができません。いずれにしろ、まずは自分が依存しているモノを見つけることが、依存を断ち切るための第一歩なのです。

10 他人に依存しない、自分もされない

依存は人に対しても同じです。誰かがいないと不安、あの人がいないと困るというのは、その人に依存している証拠なのです。その人がいなければ心が落ち着かないのでは、とても自立しているとは言えません。

共依存という言葉がありますが、これは依存されることに依存してしまう状態です。よくあるのは、誰かに頼りにされていることに対し、頼りにされた人が依存しているケースです。頼られる（依存される）ことで自分に価値を見出すので、頼られない（依存されない）と不安になってしまいます。

配偶者からDVを受けている被害者の中には、誰がどう見ても被害者のはずなのに、自

分がいないと相手がダメになると思い込んでいる人がいます。これはＤＶ加害者と共依存の関係になっている状態です。

つまり、相手がＤＶをするのは、自分のことを大切に思っているからで、自分を頼っているからだという、歪んだ認識をしてしまっているのです。

イライラしない人、自立できている人は、人に依存しませんし、誰かに依存もされません。一人の自立した人として、誰とも適切な距離を保ちながら、自分にとって最適な人間関係を作ることができるのです。

まずは自分が誰にも依存しないように自立すること。
次に誰かに依存されていないか、人間関係に気を配ることです。

依存した人間関係から距離を置くだけでも、イライラする機会はかなり減ってくるでしょう。

11 自ら怒りの種を蒔かない

バタフライ・エフェクト（効果）という言葉があります。この概念を発表した気象学者エドワード・ローレンツの講演「ブラジルでの蝶の羽ばたきは、テキサスでトルネードを引き起こすすか」から来ている言葉です。

つまり、ほんの些細な端緒が徐々にとんでもなく大きな現象につながる引き金になるかもしれないということを意味しています。

最初は小さな出来事、あるいはわずかな誤差でも、時間の経過やさまざまな要因と組み合わさって、最終的にはどのような大きな影響が出るのか、それは誰にもわからないということです。

怒りの感情は連鎖する性質があります。たとえば、あなたが通勤途中のコンビニに立ち寄った際、レジでの対応が悪かったために、ついそのスタッフに言わなくてもいい文句を言ったとしましょう。

するとそのスタッフはむしゃくしゃした気持ちを家に持ち帰り、妻に八つ当たりします。妻は八つ当たりをされた怒りの気持ちを、子どもに「早く宿題しなさい！」と怒鳴ることでぶつけ、怒鳴られた子どもは翌日、学校で下級生の男の子をいじめることで解消します。

じつは、その男の子はあなたの長男でした。長男は家に帰り、いじめられたくやしさや怒りを、父親であるあなたに反抗心としてぶつけるのです……。

荒唐無稽な作り話かもしれませんが、これに近いことは世の中でいくらでも起きています。しかも、あなたが誰かにぶつけた怒りが、どのような結果に結びついていくのかは、誰にも予想できないのです。

また、怒りの感情は、力の強い人から弱い人へ、立場の強い人から弱い人へと伝わっていきます。

先ほどの例で言えば、社会でさまざまな怒りをぶつけられた大人が、その感情を家に持ち帰ります。それを夫や妻にぶつけ、ぶつけられた側はさらに子どもに当たります。なぜなら、怒りの感情は身近な対象ほど、強くなる性質があるからです。

子どもは学校に行って、自分より弱い立場の子どもに当たり、当たられた子どもは家に帰って親に反抗して困らせます。怒りをぶつけられた親は社会に出ていき……。このように、怒りの連鎖は延々と続いていくのです。

コンビニのスタッフへの文句もそうですが、仕事中の部下に対する不要な小言や、帰りのタクシーでの運転手へのちょっとした態度など、怒りの種を自分から蒔くと、たとえほんの些細なものであっても、それは大きな怒りの連鎖となって、自分が住む社会に広がっていくのです。

人に八つ当たりをするような社会に住みたくないなら、自分から怒りの種を蒔かないことです。

コンビニのスタッフには「ありがとう」と告げ、部下には「毎日お疲れ様」と気さくに労い、タクシーの運転手には「お世話になりました」と声をかけて降車しましょう。仮に相手の態度が気に入らなかったとしても、そこでさらに相手を不愉快にさせても何もいいことはないのですから。

ペイ・フォワードという言葉があります。映画のタイトルにもなりましたが、「ある人から受けた親切を、別の人への新しい親切でつないでいく」という意味です。怒りが連鎖する社会ではなく、ペイ・フォワードが連鎖する社会にしていきたいものです。

あとがき

少し前から日本社会でも、格差問題ということが言われるようになりました。ここで言う格差というのは貧富の格差のことですが、私はイライラ度の格差も広がっていくと考えています。

イライラする人は、ますますイライラするようになり、イライラせずにストレスなく生きられる人は、より健やかに生き、仕事ができるようになり、生産性を高めていけるでしょう。

なぜなら、今の社会、人がイライラしやすくなる環境要因が整っていて、多くの人がイライラしやすくなっているからです。

私たちが怒ったり、イライラしたりする理由は、ごく簡単に言ってしまえば、自分の価値観が目の前で裏切られたときです。期待ハズレだったときとも言えます。

「これくらいのこと、できて当たり前だろうに……」
「何でそんなことをするの！」
「意味がわからない、理解できない」

一昔前まで日本の社会は、みんなで似たような価値観を共有していました。
たとえば、仕事に関しては、「一度働いたらその会社には一生いるもの」「上司の言うことは聞くもの」「会社の飲み会には出るもの」「仕事はプライベートよりも優先されるもの」などがあげられます。

一方、プライベートに関しては、「結婚はするもの」「子どもはつくるもの」「育児は女性がするもので、男性は稼いでくるもの」「離婚はしてはいけないもの」などが連想されると思います。

ところが、価値観の多様化が言われるようになり、社会としてもさまざまな価値観を受け入れる方向に進んでいます。これは、成熟した社会としてとても歓迎されることだと思います。

ただ、その価値観の多様化に、現実問題として、なかなか感情がついていかないというのも、正直なところあると思います。

「ワークライフバランスの大切さはわかるけれど、実際に仕事が終わらないのに、何であいつはさっさと帰るんだ！」

「子育て支援もいいけれど、この繁忙期に育休を取るのかよ……」

「残業禁止令とか言ったって、結局は退社後に近所のカフェで仕事しているだけじゃないか」

今はいろいろな意味で、社会の価値観や制度の大きな転換期にあります。何かが変わるとき、人は大きなストレスにさらされますし、ストレスを抱えることでイライラもしやすくなります。

まえがきで、「２０２０年の年間受講者数は25万人を超えました」と書きましたが、日本アンガーマネジメント協会では２０１２年より、アンガーマネジメント関連講座の年間受講者数の統計を取っています。

それによると、２０１２年の年間受講者数は、約８０００人だったのです。それが８年後には30倍以上に増え、累計すると約１００万人以上の人がアンガーマネジメントの講座を受講したことになります。

これは、アンガーマネジメントが、現在では一部の特殊な人が学ぶという類のものではなく、ごく普通の人々にとっても身近なものになってきたことを表しています。

実際、老若男女問わず、仕事、子育て、夫婦関係、人間関係などのイライラで悩む方、その悩みを解決したいと思っている方が受講しています。

アンガーマネジメントの本国アメリカでは、アンガーマネジメントが普及した要因の一つに、感情のコントロール、とくに怒りの感情のコントロールができない人は、大人として未成熟であると評価されてしまうという点があります。

日本でも特別な人が学ぶスキルとしてではなく、一般教養としてアンガーマネジメントが普及していくことが期待されているのです。

本書をお読みいただいたことで、イライラしない習慣が身につき、それがみなさまや、みなさまのご家族、親しい方々のお役に立てるようであれば、アンガーマネジメントコンサルタントとして、これに勝る幸せはありません。

本書を最後までお読みいただき、誠にありがとうございました。

安藤俊介

本作品は小社より2018年1月に刊行された
『イライラしなくなるちょっとした習慣』を改題し、
再編集して文庫化したものです。

安藤俊介（あんどう・しゅんすけ）

一般社団法人日本アンガーマネジメント協会代表理事。アンガーマネジメントコンサルタント。1971年、群馬県生まれ。2003年に渡米してアンガーマネジメントを学び、日本に導入し第一人者となる。ナショナルアンガーマネジメント協会に在籍する1500名以上のアンガーマネジメントファシリテーターのうち、15名しか選ばれていない最高ランクのトレーニングプロフェッショナルに、米国人以外ではただ一人選ばれている。企業、教育委員会、医療機関などで数多くの講演、研修などをおこなっている。

おもな著書に『アンガーマネジメント入門』（朝日新聞出版）、『あなたの怒りは武器になる』（河出書房新社）、『怒れる老人　あなたにもある老害因子』（産業編集センター）などがある。著書はアメリカ、中国、台湾、韓国、タイ、ベトナムでも翻訳され累計67万部を超える。

だいわ文庫

アンガーマネジメントを始めよう

二〇二一年八月一五日第一刷発行
二〇二三年五月一日第二刷発行

著者　安藤俊介

発行者　佐藤靖

発行所　大和書房
東京都文京区関口一-三三-四　〒一一二-〇〇一四
電話　〇三-三二〇三-四五一一

フォーマットデザイン　鈴木成一デザイン室
本文デザイン　荒井雅美（トモエキコウ）
本文印刷　信毎書籍印刷
カバー印刷　山一印刷
製本　ナショナル製本

ISBN978-4-479-30880-5

http://www.daiwashobo.co.jp